한 번에 끝내는
중학 세계사
워크북

② ─ 근대와 현대

이정화 · 안혜진 · 이성민 · 박경진 지음

성림원북스

똑똑독 연구소(ddokddokdok.com)
똑똑독 연구소는 열정 넘치는 독서지도사 선생님들이 새롭고 다양한 교재를 개발하고자 모인 단체이다. '똑똑한 독서나라, 똑똑독'은 학생들이 책을 단순히 읽는 데 그치지 않고, 주제를 깊이 이해하고 비판적으로 수용한 뒤 자신의 삶에 적용할 방법을 찾게 하는 교재를 공급하자는 목표로 만든 인터넷 사이트이다.

한 번에 끝내는
중학 세계사 워크북
❷ ― 근대와 현대

ⓒ 이정화 · 안혜진 · 이성민 · 박경진, 2021

초판 1쇄 발행 2021년 10월 12일
초판 2쇄 발행 2023년 1월 20일

지은이 이정화 · 안혜진 · 이성민 · 박경진
펴낸이 이성림
펴낸곳 성림북스

책임편집 노은정
디자인 쏘울기획

출판등록 2014년 9월 3일 제25100-2014-000054호
주소 서울시 은평구 연서로3길 12-8, 502
대표전화 02-356-5762 **팩스** 02-356-5769
이메일 sunglimonebooks@naver.com

ISBN 979-11-88762-29-3 44900
ISBN 979-11-88762-27-9 44900(세트)

어려운 중학교 세계사, 워크북이 도와줄게요!

"다음 달부터 세계사 책 읽고 수업할 거야."라고 말하는 순간, 반짝이던 예쁜 눈동자는 어디 가고 책상이 무너져라, 한숨이 공부방 안을 가득 채웁니다. 함께 읽을 책을 보여 주면 한숨은 열 배로 늘어나지요. 세계사가 그런 대접을 받는 건 어찌 보면 당연해요. 사실 요즘 학생들 해야 할 공부에, 다녀야 할 학원에, 잠 덜자고 레벨 올려야 할 게임까지, 할 일이 너무 많잖아요. 그러니 몇 천 년의 역사를, 자신은 물론 주변 누구와도 상관없다 싶은 데다 복잡하기는 너무 복잡한 세계사에 엄두를 내기 어려운 것도 맞는 말이지요.

그런 의미에서 『한 번에 끝내는 중학 세계사』로 세계사를 읽고, 학습하려고 이 워크북을 펼쳐 든 학생들에게 먼저 칭찬을 👍 보내주고 싶어요. 제목은 끌리지만 두툼한 책 두 권이라는 분량만으로도 저만치 밀어내고 싶은 마음을 이겨내고 펼쳐 들었으니까요.

새로 바뀐 학교 교육 과정에서는 중학교 2학년이면 세계사를 배우니 모른 척하기도 좀 불안하고, 공부하자니 뭘 어떻게 해야 할까 싶기도 할 거예요. 예습 삼아 교과서를 읽는 바람직한 학생들도 있겠지만, 교과서를 훑어보며 세계사가 더 무서워지는 학생도 있겠지요.

학생들과 역사 수업을 진행하는 선생님 입장에서 볼 때 역사 교과서는 아주 잘 만들어진 요약본 세계사 책이에요. 요리조리 잘 접어 깜찍한 가방 안에 넣어 놓은 텐트처럼. 문제는 캠핑 초보가 텐트를 조립하려고 가방을 열고 이것저것 꺼내 늘어놓는 순간 뭐가 뭔지 하나도 모르는 엉망진창이 된다는 거예요. 그래서 텐트 조립 설명서가 준비되어 있듯 「한 번에 끝내는 중학 세계사」 책이 나온 거였어요. 하지만 설명서가 있다고 뚝딱뚝딱 텐트가 완성되는 건 아니에요. 설명서 따위 보지 않아도 감으로 완성하는 황금손도 있고, 설명서 한번 휘리릭 넘겨보면 끝나는 은손도 있겠지만, 우리들 대부분은 설명서를 봐도 뭐가 뭔지 실마리를 잡기가 쉽지 않아요. 이럴 때 현대를 사는 우리는 스마트폰을 들고 유튜브 검색을 하지요. 그러고는 친절한 동영상을 따라 하며 텐트든 맛난 간식이든 만들어 냅니다.

이 워크북은 세계사 학습의 황금손이 되는 길을 안내하는 유튜브 동영상이라고 생각해 주세요. 오랜 기간 꽤 많은 학생과 함께 공부한 선생님들이 각자의 경험을 끌어모아 만들었으니 믿고 함께 갈 거죠?

활동을 하나하나 살펴보기 전에 이 워크북이 어떻게 구성되어 있는지 전체를 훑어보도록 할게요.

이렇게 구성되어 있어요

1단계 : 〈책을 읽기 전에〉, 〈책을 읽으며〉는 본문을 읽기 전에 어떤 내용을 배울지, 알아둬야 하는 용어들이 무엇인지 등을 안내하며 본격적인 읽기를 준비하는 단계예요. 준비 단계의 중요성, 더 언급하지 않아도 잘 알죠?

2단계 : 〈한눈에 보기〉는 각 장을 읽으며 알아본 내용을 한눈에 파악하기 쉽도록 표와 도식 등을 활용하여 구조화해 보는 단계예요. 핵심적인 내용을 쉽게 기억할 수 있도록 말이죠.

3단계 : 〈역사 논술〉은 책에서 설명하고 있는 주요 사건들에 대한 맥락과 의의를 잘 파악하고 있는지를 서술형으로 정리하는 단계예요. 역사적 사건에 대한 자신의 의견을 조리 있게 밝히는 내용도 포함되어 있어요.

4단계 : 〈실력 키우기〉는 활동의 마지막 단계로, 각 장에서 학습한 내용을 활용해 자기 실력을 종합적으로 파악해 보는 활동이에요.

책을 읽기 전에

🌐 02장 본문을 통해 알아두어야 할 내용이 무엇인지 생각하며 다음을 읽어 보자.

- 인류의 출현과 진화 과정을 단계별로 설명해 보세요.
- 농경 생활이 시작되면서 인류에 어떤 변화가 나타났나요?
- 문명이 발생하는 과정과 조건, 4대 문명 발상지의 공통점에 대해서 알아봅시다.
- 대표적인 4대 고대 문명의 특징을 각각 설명해 보세요.

가장 먼저 할 일은 본 책을 읽기 전에 워크북을 먼저 펼쳐보는 거예요. 아래처럼 장마다 〈책을 읽기 전에〉라는 제목으로 해당 장을 더 잘 읽기 위해 마음을 열고 생각을 깨우는 활동이 제시되어 있어요. 각 장마다 활동 내용이 조금씩 다르니 '책을 읽기 전에 이런 활동을 하면 좋구나.' 하는 마음을 갖고 수행해 보세요. 본문 읽기를 위해 예열하며 준비하는 시간이니 너무 긴 시간을 할애하거나 에너지를 많이 쓰지 않아도 됩니다.

1단계 ② - 책을 읽으며

책을 읽으며

1. 선사 시대 인류의 진화 과정과 고대 문명에 대한 내용을 읽으며 중요하다고 생각하는 부분에 밑줄 쳐 보자.

읽기 전 활동을 끝내면, 이제 본격적으로 책을 읽습니다. 〈책을 읽으며〉는 밑줄 치기 활동으로 책 본문을 읽는 과정에서 수행하는 활동입니다.

밑줄을 치며 읽으면 시간은 더 걸리겠지만, 세계사를 공부하려면 '빨리 읽어 버리기'는 곤란해요. 그러면 읽은 내용 중에 머릿속에 저장되는 건 거의 없을 테니까요. 혹시 저장되는 듯해도 책을 덮는 순간 스르르 연기처럼 사라져 버릴 거예요. 그러므로 속도보다 해당 내용을 이해하고 기억하려는 마음을 부여잡고 읽어 보세요. 중요한 내용을 잘 모르겠다, 싶으면 한 문단을 차근차근 읽고 나서 중요한 내용을 생각해 본 다음 그 부분에 밑줄을 치는 것도 좋습니다. 다음 활동이 빈칸 채우기이니 빈칸이 될 것 같은 부분을 찾아 밑줄 치는 것도 방법이지요.

2. 부분별로 읽은 내용을 생각하며 빈칸을 채워 보자.

🅑 손이 자유로워지면서 진화가 시작되다: 인류의 출현과 진화

1) 약 (　　　　　) 년 전 초기 인류 화석인 (　　　　　　　　　　　　)가
아프리카 남쪽에서 발견되었다.

2) 180만 년 전 새로운 인류인 호모 에렉투스가 등장했다. 그들은 등이 완전히 펴졌
으며 (　　　)와 (　　　)을 사용했다.

책을 읽으며 해야 할 활동 두 번째는 소제목에 따른 부분별로 워크북 빈칸 채우기 활동을 수행하는 것입니다. 정확히 말하면 읽은 후 활동이지요. 각 장별로 단숨에 읽은 다음 빈칸을 채워도 되지만, 한 번에 하는 공부 분량을 줄일수록 기억하기 쉬울 테니 소제목에 딸린 내용별로 읽고 수행하기를 추천합니다.

빈칸 채우기를 하다 보면 생각보다 어렵다고 느낄 수 있습니다. 그럴 때는 잠시 멈춰 자신의 책 읽기 과정을 돌아보세요. 대충 읽어서 어려울 수도 있고, 꼼꼼히 읽지 않아서 그럴 수도 있고, 내가 생각하는 중요한 내용과 빈칸 부분이 좀 다를 수도 있어요. 무엇보다 세계사 내용이나 어휘가 낯설어 책을 보지 않고는 생각이 안 날 수도 있어요. 그렇게 내가 힘들어하는 이유가 무엇인지 스스로 생각하고 하나하나 해결해 간다면 세계사 공부를 통해 공부법 훈련도 하는 일거양득도 가능합니다.

만약 빈칸 채우기가 너무 어려워 책을 덮고 싶어지면 일단 밑줄 치며 읽은 다음, 정답을 보고 빈칸을 먼저 채우고 다시 읽으며 내용을 되새겨 보는 것도 괜찮습니다. 밑줄 긋기부터 힘들다면 정답을 보고 빈칸을 채운 다음, 그 내용에 해당하는 본문에 밑줄을 그어 보는 것도 좋아요. 물론 정답의 도움을 받은 후 다시 한번 읽어 보아야 스스로 해결할 수 있는 시간도 빨리 옵니다.

어느 것이든 자신에게 맞는 방법을 활용해 각 장 내용을 다 읽고 나면 읽기 과정의 마무리 활동이 기다립니다.

---

3. 2장 내용을 세 부분으로 나눠 제목을 붙이고 정리해 보자.

2장의 독후 활동은 2장 전체를 관련된 내용끼리 분류하고 어울리는 제목을 붙이는 것입니다. 이와 같은 독후 활동을 통해 전체 장을 자신의 말로 정리하거나 기억하면 좋겠습니다. 이렇게 하면, 가장 지루하고 재미는 없지만 세계사 학습의 기본인 1단계 활동이 끝이 납니다. 해당 부분의 세계사와 그만큼 친해진 것은 말할 것도 없지요.

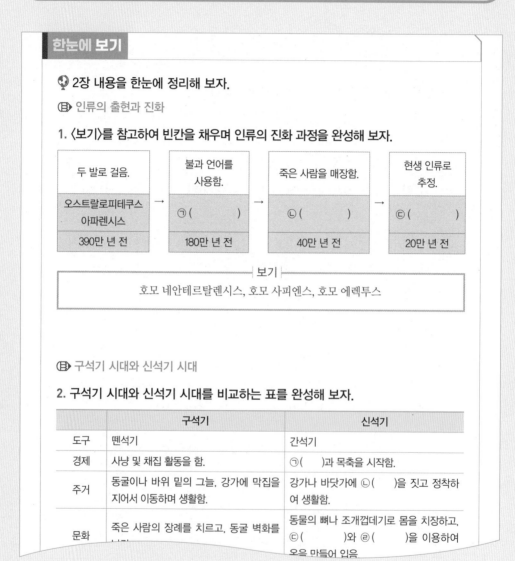

한눈에 보기

📍 2장 내용을 한눈에 정리해 보자.

🅑 인류의 출현과 진화

1. 〈보기〉를 참고하여 빈칸을 채우며 인류의 진화 과정을 완성해 보자.

두 발로 걸음.		불과 언어를 사용함.		죽은 사람을 매장함.		현생 인류로 추정.
오스트랄로피테쿠스 아파렌시스	→	㉠ ( )	→	㉡ ( )	→	㉢ ( )
390만 년 전		180만 년 전		40만 년 전		20만 년 전

┤ 보기 ├

호모 네안데르탈렌시스, 호모 사피엔스, 호모 에렉투스

🅑 구석기 시대와 신석기 시대

2. 구석기 시대와 신석기 시대를 비교하는 표를 완성해 보자.

	구석기	신석기
도구	뗀석기	간석기
경제	사냥 및 채집 활동을 함.	㉠( )과 목축을 시작함.
주거	동굴이나 바위 밑의 그늘, 강가에 막집을 지어서 이동하며 생활함.	강가나 바닷가에 ㉡( )을 짓고 정착하여 생활함.
문화	죽은 사람의 장례를 치르고, 동굴 벽화를	동물의 뼈나 조개껍데기로 몸을 치장하고, ㉢( )와 ㉣( )을 이용하여 옷을 만들어 입음.

2단계 활동은 각 장의 제목과 소제목을 중심으로 주요 내용을 도표와 도식 등을 통해 구조화하면서 정보를 정리해 보는 것입니다. 비주얼씽킹이나 유명 노트 정리법에서 강

조하는 것처럼, 다양한 정보를 도식화하여 저장하면 더 오래 기억에 남고 정보의 인출도 쉬워진답니다. 책의 각 문단이나 챕터가 어떤 방식으로 정리되는지를 비교하여 살펴보면 역사 외에 다른 과목을 스스로 공부하고 필기를 할 때도 도움이 될 거예요.

3단계 - 역사 논술

역사 논술

1. 고대 문명 발생지의 공통점을 두 가지 이상 서술해 보자.

2. 메소포타미아 문명과 이집트 문명의 지리적 특징을 비교하여 서술해 보자.

그 시대에 꼭 알아야 할 내용을 문장으로 정리할 수 있도록 만든 문제들입니다. 학교 서술형 시험에서 단골로 출제되는 문제와 역사적인 주요 사안에 대한 여러분의 생각을 근거를 들어 조리 있게 펼쳐 볼 수 있는 문제들이 제시되어 있습니다. 한 번에 답이 떠오르지 않는다고 해도 책과 교재의 내용을 다시 한번 살펴보고 문장을 직접 손으로 써 보면 더 오래 기억에 남을 거예요.

📑 실력 키우기

01. 다음 설명 중 옳지 <u>않은</u> 것은?

① 오스트랄로피테쿠스는 직립보행을 했다.

② 오스트랄로피테쿠스는 아프리카 대륙에서만 발견된다.

③ 호모 에렉투스는 인도네시아와 베이징 등에서 발견된다.

④ 네안데르탈렌시스는 처음으로 불을 사용하기 시작했다.

⑤ 크로마뇽인은 호모 사피엔스에 해당하는 현생인류이다.

3단계 〈역사 논술〉까지 모두 풀어본다면 어떨 것 같아요? 해당 부분이 머릿속에 굳건히 자리 잡았을 것 같지 않나요? 정말 그런지 확인하는 과정이 4단계입니다.

단원별로 학습한 내용을 잘 기억하고 있는지, 종합적으로 사고할 수 있는지 점검하는 과정이지요. 내용을 다시 찾지 않고 스스로 해결해 냈다면 손을 들어 자신의 머리를 쓰다듬어 주세요. "잘했어!" 하면서요. 단계별로 꼼꼼히 읽고 문제를 해결해 왔다면 매 장마다 자신을 칭찬하게 될 거예요. 그렇게 한 장 한 장 읽으며 세계사 실력을 쌓아 가세요.

학교 내신 시험을 준비한다면, 4단계를 기준 삼아 풀어 보고 평가문제집 등을 활용해 다양한 유형과 단원 간 연계 문제를 풀어 보는 것이 좋아요.

마지막으로, 4단계와 같은 객관식 문제를 풀면서 공부할 때는 틀린 선지의 어느 부분이 틀렸는지 찾고 바르게 고치는 과정을 꼭 거치길 바랍니다. 이 방법만 꼬박꼬박 실천해도 대부분의 공부에서 큰 도움을 얻을 수 있답니다.

워크북 활동을 함께하는 선생님이나 부모님은 이렇게 도와주세요

〈1단계〉읽기 전 활동으로는 해당 부분과 관련하여 학생들이 알고 있거나 궁금해하는 내용을 중심으로 흥미를 유발해 주시면 좋습니다. 읽기 중 활동인 '밑줄 치며 읽기'와 '빈칸 채우기'는 처음 한두 차시 정도는 함께 연습해 보는 것도 좋습니다. '정리하기'는 각 장별로 제시된 활동이 다릅니다. 질문에 어울리는 활동을 수행한 후 발표하는 시간을 갖는다면 복습 활동이 되어 읽은 내용이 단기기억에서 장기기억으로 넘어가는 데에도 도움이 됩니다.

〈2단계〉활동은 각 장의 주요 어휘들을 중심으로 정보를 도식화한 단계이므로, 수행을 어려워하는 경우에는 1단계의 '빈칸 채우기' 활동이나 책 본문을 다시 펼쳐보며 관련 내용이 익숙해지도록 합니다.

〈3단계〉서술형 문제와 〈4단계〉선다형 문제는 최신 개정 교과서에서 중요하게 다루고 있는 학습 목표를 중심으로 출제하였습니다. 쉽게 답이 생각나지 않더라도 끝까지 스스로 풀어 본 뒤에 정답을 확인할 수 있도록 지도해 주세요. 학교 내신 대비를 위해서는 본 교재 활동에 그치지 말고 평가문제집 등을 활용하여 더 다양한 유형의 문제, 단원 간 내용이 종합된 문제를 풀게 할 것을 추천합니다.

목차
Contents

제국주의 침략과
국민 국가 건설 운동

: 유럽과 아메리카, 세계를 지배하다

12-1

유럽과 아메리카의 국민 국가 체제 1
(미국 혁명부터 프랑스 혁명까지)
📖 자유와 평등을 위해 일어나라!

책을 읽기 전에

🌏 분량이 많은 12장 내용을 두 부분으로 나눠 읽으면 어떻게 나누면 좋을지 생각해 보자.

- 청교도 혁명과 명예혁명
- 미국 혁명의 시작
- 미국, 최초의 민주 공화국 수립
- 계몽사상과 프랑스 혁명 발발
- 프랑스 혁명의 전개와 결말
- 나폴레옹 전쟁과 프랑스 혁명 이념의 전파
- 빈 체제와 프랑스 자유주의 혁명
- 영국 자유주의 운동과 경제 발전
- 민족주의의 확산과 이탈리아와 독일의 통일
- 러시아의 개혁과 국민 국가의 확립
- 미국 영토 확대와 남북 전쟁
- 라틴 아메리카의 독립 열풍

책을 읽으며

1. 민주주의, 자본주의와 같이 우리에게 익숙한 사회 모습이 등장하는 17세기~19

세기 초반 유럽과 아메리카의 역사를 읽으며 중요하다고 생각하는 내용에 밑줄
쳐 보자.

2. 부분별로 읽은 내용을 생각하며 빈칸을 채워 보자.

B 입헌 군주제는 어떻게 시작되었나?: 청교도 혁명과 명예혁명

1) 상공업이 발달하면서 새로 떠오른 (   )과 (   )와 같은 시민들이
중심이 되어 근대 시민 사회를 만들려던 것을 시민 혁명이라 한다.

2) 13세기 초 영국에서 (   )들이 왕의 권력을 제한하며 (   )을 채택했
고, 엘리자베스 1세 때는 왕과 의회가 크게 충돌하는 일이 없었다.

3) 제임스 1세는 왕권신수설을 주장하며 (   )를 존중하지 않고 (   )를
탄압했다. 찰스 1세가 의회의 동의 없이 세금을 부과하자, 의회가 나서서 왕으로
하여금 (   )에 서명하게 했다. 하지만 찰스 1세는 이후 의회를 강제
로 해산했다.

4) 의회파와 왕당파가 대립하다 내전이 벌어졌다. 이 사건을 (   ) 혁명이라
고 한다. 내전은 (   )의 승리로 끝나고 권력을 잡은 (   )은 찰스 1
세를 처형하고 공화정을 수립했다.

5) 크롬웰은 (   )법을 만들어 네덜란드의 힘을 약화시켰다. 크롬웰이 죽자 찰스
2세가 왕으로 추대되면서 공화정에서 (   )으로 복귀했다.

6) 찰스 2세와 제임스 2세의 독재에 의회는 왕을 쫓아내고 제임스 2세의 딸 메리와
그녀의 남편 윌리엄 3세를 왕으로 추대하며 의회의 권리를 인정하는 (   )
을 승인받았다. 이때부터 영국은 의회가 통치하는 (   )가 시행되
었다. 18세기 초에는 수상이 정치를 총괄하는 (   )를 도입했다.

7) 영국의 시민 혁명은 피 한 방울 흘리지 않고 성공해 (   )으로 불린다.
(   )은 미국 독립 선언과 프랑스 인권 선언에도 큰 영향을 미쳤다.

Ⓑ 북미 식민지 주민이 차 상자를 바다에 버린 까닭은?: 미국 혁명의 시작

1) 17세기 초반 (   ) 사람들이 북아메리카로 이주해 식민지를 건설했다. 이후 영국은 북아메리카 동부 지역에 (   )개의 식민지를 건설했다.

2) (   )와 식민지 경쟁을 벌이던 영국은 재정 적자를 메우기 위해 식민지 사람들에게 각종 (   )을 부과했다. 하지만 식민지 주민들이 반발하자 모두 폐지하고 (   )에 매긴 세금만 유지했다.

3) 식민지 주민들이 보스턴 항에 정박해 있던 영국 동인도 회사의 상선을 습격해 실려 있던 차 상자를 모두 바다에 내던지며 (   ) 사건을 일으켰다. 영국 정부가 항구를 봉쇄하자 식민지 대표들은 (   ) 회의를 열고 영국 의회의 지배를 거부하며 영국 군대에 맞서 (   ) 전쟁을 시작했다.

Ⓑ 삼권 분립의 원칙을 최초로 적용한 나라는?: 미국, 최초의 민주 공화국 수립

1) 2차 대륙 회의에서 식민지 연합군을 창설하고 (   )의 독립을 선언했다.
(   )를 비롯해 러시아, 네덜란드, 에스파냐 등이 식민지를 지원했다. 결국
(   ) 조약을 체결하며 영국은 식민지의 독립을 인정했다.

2) 13개 식민지는 13개 주가 되고 각자 자치권을 누리며 동시에 중앙 정부(연방 정부)의 지시를 따르는 (   )를 채택했다. 연방 헌법은 주권이 (   )에게 있음을 밝히고, 권력이 집중되지 않도록 (   ) 분립의 원칙을 적용했다. 초대 대통령으로 조지 워싱턴이 선출되었다.

3) 미국은 세계 최초의 (　　　　) 공화국이다. 미국 독립 전쟁에 이어 민주 공화국 탄생까지 이어지는 미국 혁명의 성공은 (　　　　　) 혁명과 라틴 아메리카의 (　　) 혁명에 영향을 주었다.

⊞ 파리 시민들은 왜 바스티유 감옥을 습격했을까?: 계몽사상과 프랑스 혁명 발발

1) 17세기 당시 프랑스 의회인 (　　　　　)는 1신분인 성직자, 2신분인 귀족, 3신분 인 시민과 기타 국민으로 구성되어 있었다. 98%인 제(　) 신분은 정치 참여도 제 대로 못한 채 세금만 내야 하자 불만이 커졌다.

2) 루이 16세가 (　　　　　　)을 더 걷기 위해 삼부회를 소집하자 제3 신분은 (　　　　　　)를 결성하고 인원수에 따른 표결을 주장했다. 주장이 받아들여 지지 않자 (　　　　　)에 모여 새로운 헌법(테니스코트의 서약)을 만들고 귀 족의 특권 폐지를 선언했다.

3) 루이 16세가 국민 의회를 강제로 해산시키자 이에 맞선 파리 (　　　)들이 구제도 의 상징인 (　　　　) 감옥을 습격하며 (　　　　　　)이 시작되었다. 농촌까지 봉기가 이어지며 사태가 커지자 루이 16세는 항복했다.

4) 국민 의회는 인간의 (　　　　)과 국민 (　　　)을 담은 '인간과 시민의 권리 선 언(인권 선언)'을 발표했다. 이후 국민 의회는 입헌 군주제를 시행하고 재산에 따 라 선거권을 제한하는 (　　　)을 만들고 해산했다.

⊞ 파리 시민들은 왜 공화정에 등을 돌렸을까?: 프랑스 혁명의 전개와 결말

1) 1791년 프랑스 최초의 근대적 의회인 (　　　　) 의회가 출범했다. 오스트리아, (　　　　　) 정부가 프랑스 입법 의회를 압박하자 (　　　　　)에 전쟁 을 선포하며 프랑스의 혁명전쟁이 시작되었다.

2) 물가는 폭등하고 전쟁까지 터진 상황에서 루이 16세 가족이 도망치다 붙잡히자 민중은 (   )을 습격했다. 이 틈에 급진 공화파(자코뱅파)의 지도자 (   )가 입법 의회를 해산하며 (   )를 세우고 공화정을 선포했다. 이때 들어선 정부를 제1 공화정이라고 한다.

3) 새로운 헌법에서는 누구나 의원을 선출할 수 있는 (   ) 선거를 실시한다고 했다. 루이 16세를 처형하자 (   )과 (   )가 국민이 왕을 처형한 대가를 치르게 한다며 프랑스를 공격했다.

4) 로베스피에르의 (   ) 정치가 계속되자 시민들이 등을 돌리기 시작했고, 온건파들이 로베스피에르를 체포해 처형했다. 이때가 1794년 7월이었다. 온건파는 국민 공회를 해산시키고 총재 5명이 정치를 하는 (   ) 정부를 만들었지만 (   )의 쿠데타로 금세 무너졌다.

5) 나폴레옹은 (   ) 정부로 바꾸고 자신이 (   )이 되어 권력을 독점하며 프랑스 혁명의 막을 내렸다. 나폴레옹은 모든 사람에게 교육의 기회를 주는 (   ) 제도를 도입하고, 강력한 중앙 집권적 행정 체제를 구축했다.

6) 1804년 (   )를 통해 나폴레옹은 (   )가 되었다. 프랑스 혁명으로 탄생한 공화정은 무너지고 황제가 통치하는 제정으로 바뀐 것이다.

❽ 왜 나폴레옹은 신성 로마 제국을 해체했을까?: 나폴레옹 전쟁과 프랑스 혁명 이념의 전파

1) 황제가 된 나폴레옹은 시민 사회의 규범을 고스란히 담아 근대 법전의 기초가 되는 『(   ) 법전』을 만들었다.

2) 나폴레옹은 정복 전쟁에 돌입해 (   )과 맞붙어 해전은 패했지만 육지에선 승
   승장구했다. 동쪽으로 진격해 신성 로마 제국의 황제를 배출하는 (
)를 격파하고 (   )을 해체했다.

3) 게르만족의 16개 국가를 묶어 (   ) 동맹을 만들고 (   )는 위성국
   으로 삼았다. 프로이센도 격파하고 수도인 베를린에 입성했다. 영국을 고립시키기
   위해 영국과 교역을 금지하는 (   )을 시행했다. 에스파냐도 정복해
   1811년 무렵 유럽 영토의 대부분을 정복했다.

4) (   )에 제국을 건설하고 싶었던 나폴레옹은 대륙봉쇄령을 어겼다며 모스
   크바로 진격했지만 참패했다. 유럽 연합군이 (   )를 점령하자 나폴레옹이 항
   복을 선언했다. (   )은 엘바섬에 갇혔다가 탈출 후 다시 잡혀 아프리카
   의 세인트헬레나섬에서 생을 마감했다.

5) 나폴레옹의 정복 전쟁 과정에서 (   ), (   ), 우애라는 프랑스 혁명의 자유
   주의 이념이 유럽 전역으로 퍼졌다. 프랑스 지배에 대항하는 과정에서 각 나라의
   (   )주의가 발달했다. 자유주의와 민족주의 이념은 유럽, 라틴 아메리카까지
   확산하였다.

Ⓑ 루이 필립은 왜 '시민의 왕'이라 불렸을까?: 빈 체제와 프랑스 자유주의 혁명

1) 나폴레옹 전쟁이 끝나고 여러 나라 대표들이 전쟁 이후 유럽 질서를 잡기 위해 오
   스트리아 (   )에서 회의를 했다. 회의에서 유럽의 모든 영토와 정치적 상황을
   (   ) 이전으로 돌려놓으며 빈 체제를 만들었다.

2) 보수주의자들이 막으려한 (   )주의와 (   )주의 이념은 빠른 속도로 유럽
   과 유럽 국가들의 식민지인 라틴아메리카로 확산하였다.

3) 빈 체제가 확립되면서 회의를 주도한 (   )가 재상으로 있는
   (   )가 두각을 나타내 이탈리아 북부와 체코를 차지하고 폴란드를
   러시아와 나눠 가졌다.

4) 빈 체제 결정에 따라 프랑스는 (   )으로 돌아가 루이 18세가 왕에 올라 자유
   주의 운동을 탄압했다. 뒤를 이은 샤를 10세는 (   )를 해산하고 시민의 자유
   를 **빼앗았다**. 결국 자유주의자들은 파리 (   )들과 함께 봉기해 샤를 10세를
   끌어내렸다.

5) 의회는 (   )제를 도입하기로 하고 루이 필립을 '시민의 왕'으로 추대
   했다. 이 사건이 (   )으로 1830년에 일어났다. 재산에 따라 전체 남성의
   3%에게만 선거권이 주어지자 부당하다고 여긴 시민과 노동자들이 봉기해 루이 필
   립 왕을 끌어내리며 왕정을 폐지하고 공화정을 세우는 (   )을 일으켰다.

6) 2월 혁명의 결과 복귀한 공화 정부를 (   )이라 한다. 2월 혁명은
   독일, 이탈리아, 헝가리 등 여러 나라의 (   ) 운동과 (   )
   건설 운동에 영향을 미쳤다. 그로 인해 빈 체제도 무너졌다.

7) 프랑스에서는 (   )의 조카인 루이 나폴레옹이 (   )의 대통령
   으로 선출되었다가 쿠데타를 일으켜 나폴레옹 3세 황제가 되면서 다시 제정으로
   바뀌었다.

**3. 17세기~19세기 초반 영국 혁명부터 빈 체제 성립까지 유럽과 아메리카의 역사
를 소개할 수 있는 핵심어를 떠올리고 내용을 설명해 보자.**

💡 12장 내용 가운데 영국 혁명부터 빈 체제의 성립까지의 과정을 한눈에 정리해 보자.

🅑 영국의 시민 혁명

1. 빈칸을 채우며 영국의 시민 혁명이 전개된 과정을 정리해 보자.

제임스 1세와 찰스 1세의 전제 정치	• 제임스 1세와 찰스 1세는 영국 국교회만 인정하고 ㉠( )를 탄압하였으며, 의회의 동의 없이 세금을 부과하여 대헌장(마그나카르타)을 위반함. • 의회가 ㉡( )을 제출하고, 찰스 1세가 서명함. • 1년 후 찰스 1세가 의회를 강제 해산시킴.
청교도 혁명 (1642~1649)	• 의회파와 왕당파의 내전 발생. • ㉢( )의 승리로 찰스 1세가 처형되고, **공화정이 수립됨.**
㉣( )의 정치	• 중상주의를 강화하기 위해 항해법을 제정함. • 엄격한 통치로 국민들의 불만이 높아짐.
찰스 2세와 제임스 2세의 전제 정치	• 찰스 2세가 즉위하며 다시 **왕정으로 복귀함.** • 찰스 2세와 제임스 2세가 다시 의회를 무시하고 독재를 펼침.
명예혁명 (1688)	• 의회가 제임스 2세를 폐위하고, 제임스 2세의 딸 메리와 그녀의 남편 윌리엄 3세를 공동 왕으로 추대함. • 메리와 윌리엄 3세가 '왕은 군림하나 통치하지 않는다'는 내용의 ㉤( )에 승인함. • 의회를 중심으로 한 **입헌 군주제 확립.**

🅑 미국 혁명

2. 미국 혁명 과정을 따라가며 알맞은 사건을 〈보기〉에서 찾아 빈칸에 숫자를 써넣어 보자.

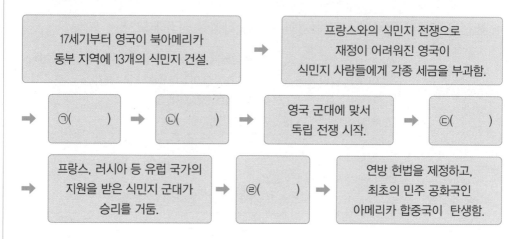

┤ 보기 ├
① 식민지 대표들이 모여 1차 대륙회의를 개최함.
② 2차 대륙회의에서 조지 워싱턴을 사령관으로 임명하고 미국의 독립을 선언함.
③ 보스턴 차 사건이 발생함.
④ 영국과 파리 조약을 체결함.

🅑 프랑스 혁명

3. 빈칸을 채우며 프랑스 혁명의 배경과 전개 과정을 정리해 보자.

혁명 이전의 프랑스 상황

• 제1 신분(성직자)과 제2 신분(귀족)은 면세 특권을 누리고, 전체 인구의 98%인
  제3 신분(평민)에게는 무거운 세금이 부과됨.

• 계몽사상과 ㉠(   )의 영향을 받은 시민 계급의 불만 상승.

프랑스 혁명의 원인

- 계속된 전쟁과 왕실의 사치로 재정이 악화되자 루이 16세가 세금을 올리기 위해 ㉡(   )를 소집함.
- 신분별 표결을 반대하는 제3 신분의 주장이 받아들여지지 않음.
- 평민들이 국민의회를 구성하고 ㉢(   )의 서약을 발표함.
- 루이 16세가 군대를 투입해 국민 의회를 강제로 해산시키자 파리 시민들이 ㉣(   )을 습격하며 혁명이 시작됨.

프랑스 혁명의 전개

- 국민 의회: 봉건제를 폐지하고 인권 선언 발표.

  입헌 군주제를 시행하기로 하고 국민 의회 자진 해산.
- 입법 의회: 헌법에 따라 입법 의회가 구성됨.

  확대를 막으려는 오스트리아에 전쟁을 선포함.
- 국민 공회: 전쟁 중 루이 16세가 오스트리아로 도망치다 붙잡히자 분노한 시민들이 파리 왕궁을 습격함.

  ㉤(   ) 중심의 급진 공화파가 입법 의회를 해산시키고 공화정을 선포함.

  루이 16세를 처형하고 공포 정치를 펼침.
- 총재 정부: 온건파가 쿠데타를 일으켜 로베스피에르를 끌어내림.

  국민 공회를 해산시키고 5명의 총재가 정치를 운영함.
- 통령 정부: 오스트리아와의 전쟁에서 공을 세운 나폴레옹이 쿠데타를 일으켜 통령 정부의 1인자가 됨.

나폴레옹의 집권

- 나폴레옹이 국민 투표를 통해 황제로 즉위함.
- 대외 팽창 정책으로 유럽 대부분을 차지하고 대륙 봉쇄령 실시.
- 대륙 봉쇄령을 어긴 러시아와 싸우다 크게 패하고 나폴레옹 몰락.
- 자유주의와 민족주의가 확산되며 ㉡(   )가 등장함.

🅑 빈 체제의 성립

4. 빈 체제의 성립과 이후 프랑스의 정치 변화를 정리해 보자.

빈 체제의 성립

- 나폴레옹 전쟁 이후 유럽 각국 대표들이 오스트리아 빈에 모여 빈 체제(절대 왕정 체제를 지키는 복고주의적 체제)를 성립함.
- 보수주의자들이 각지의 자유주의와 민족주의 운동을 탄압함.

프랑스 자유주의 혁명

7월 혁명	• 빈 체제의 결정에 따라 루이 18세가 왕위에 오르며 ㉠( ) 왕조가 다시 들어섬. • 샤를 10세가 의회를 해산하고 시민의 자유를 빼앗음. • 루이 필립을 '시민의 왕'으로 추대함.
2월 혁명	• 선거권 확대를 요구하며 다시 혁명을 일으킨 시민들이 왕정을 폐지하고 ㉡( )을 세움. • 나폴레옹의 조카 루이 나폴레옹이 대통령으로 선출. • 루이 나폴레옹이 쿠데타를 일으켜 황제로 등극하여 다시금 ㉢( )으로 바뀜.

[참고] 프랑스 혁명 전후 정치 체제의 변화

왕정	루이 16세
입헌군주정	루이 16세를 왕으로 두고 의회가 나라를 통치한 시기
제1공화정	루이 16세를 처형하고 공화정을 선포
제정	나폴레옹 황제
왕정	루이 18세(루이 16세의 동생) 샤를 10세
입헌군주정	루이 필립
제2공화정	루이 필립을 끌어낸 시민들이 다시 공화정을 선포
제정	나폴레옹 3세(루이 나폴레옹) 황제

1. 영국의 청교도 혁명에 대한 다음 설명 가운데 잘못 서술된 부분을 두 군데 찾아서 밑줄을 긋고, 알맞게 고쳐 써 보자.

> 왕권신수설을 주장한 제임스 1세는 의회를 존중하지 않았으며, 영국 국교회만 인정하고 청교도를 탄압하였다. 뒤이은 찰스 1세도 의회의 동의 없이 세금을 부과하였다. 의회는 이에 반발하며 권리 청원을 제출하였다. 찰스 1세는 권리 청원에 <u>서명하지 않고 의회를 강제로 해산해 버렸다.</u> 이후 의회를 지지하는 의회파와 왕을 지지하는 왕당파 사이에 내전이 벌어졌다. <u>전쟁은 왕당파의 승리로 끝났고, 왕당파를 이끌었던 크롬웰은 찰스 1세를 처형하고 왕위에 올랐다.</u>

→

→

2. 영국의 왕 메리와 윌리엄 3세가 권리 장전에 승인하고 입헌 군주제를 수립하게 된 시민 혁명을 '명예혁명'이라고 부르는 까닭에 대해 서술해 보자.

3. 다음 자료를 읽고, 미국의 독립이 프랑스 혁명에 지대한 영향을 끼쳤다고 말하는 까닭이 무엇인지 설명해 보자.

> **미국 독립 선언문**
>
> 모든 인간은 평등하게 창조되었으며 그 누구에게도 넘겨줄 수 없는 권리를 신으로부터 부여받았다. 그중에는 생명, 자유 그리고 행복 추구의 권리가 있다. 이 권리를 확보하기 위해 인류는 정부를 조직하였으며, 이러한 정부의 정당한 권력은 국민의 동의에서 나오는 것이다.

4. 나폴레옹이 실시했던 '대륙 봉쇄령'이 무엇인지 설명해 보자.

5. 나폴레옹의 정복 전쟁이 유럽에 끼친 영향에 대해 서술해 보자.

01. 영국 혁명의 전개 과정을 순서대로 나열한 것은?

> ㉠ 왕정복고   ㉡ 대헌장   ㉢ 권리장전   ㉣ 권리청원   ㉤ 청교도혁명

① ㉢ - ㉣ - ㉠ - ㉡ - ㉤

② ㉡ - ㉣ - ㉤ - ㉠ - ㉢

③ ㉢ - ㉡ - ㉣ - ㉤ - ㉠

④ ㉡ - ㉢ - ㉤ - ㉣ - ㉠

⑤ ㉢ - ㉤ - ㉠ - ㉣ - ㉡

02. 다음 중 명예혁명에 의한 영향으로 볼 수 <u>없는</u> 것은?

① 미국의 독립 선언   ② 프랑스의 인권 선언

③ 의원 내각제   ④ 입헌 군주제

⑤ 자유방임주의

03. 프랑스 혁명의 중심 세력인 시민 계급에 대한 설명으로 옳지 <u>않은</u> 것은?

① 프랑스 인구의 98%를 차지했다.

② 계몽사상의 영향을 받아 평등한 사회 건설을 희망했다.

③ 식민지 개척 시기에 성장한 계급이다.

④ 정치적 권리를 일부 보장받으며 정계에 진출했다.

⑤ 세금 납부의 의무를 지닌 유일한 계층이다.

04. ①～⑤ 시기에 대한 설명으로 옳은 것은?

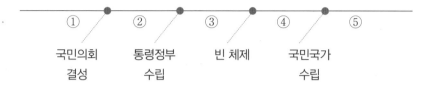

① 로베스피에르는 공화정에 반대하는 세력을 제거하는 공포정치를 단행했다.

② 나폴레옹은 황제로 등극하여 대륙봉쇄령을 내렸다.

③ 자유주의와 민족주의가 전 유럽으로 확산되었다.

④ 샤를 10세가 즉위하여 부르봉 왕조가 탄생했다.

⑤ 루이 필립을 '시민의 왕'으로 옹립하였다.

05. 다음에서 설명하는 사건에 대한 설명으로 옳지 <u>않은</u> 것은?

> 이 전쟁은 "대표 없는 곳에 과세할 수 없다"라는 선언으로 시작되었다. 본국과의 전쟁을 치르면서 조지 워싱턴을 사령관에 임명하였고 요크타운 전투를 마지막으로 전쟁에서 승리했다.

① 영국이 아메리카 식민지에 과도한 세금을 부과하면서 시작되었다.

② 아메리카 13개 식민지 대표들이 모여 대륙 회의를 개최했다.

③ 식민지 주민들이 '보스턴 차 사건'을 일으켰다.

④ 세계에서 최초로 민주 공화국이 탄생하는 계기가 되었다.

⑤ 다른 나라의 도움을 전혀 받지 않고 독립을 쟁취한 전쟁이다.

유럽과 아메리카의 국민 국가 체제 2
(빈 체제 이후 유럽과 아메리카의 변화)

📖 자유와 평등을 위해 일어나라!

책을 읽기 전에

🌐 빈 체제 이후 유럽과 아메리카는 어떤 변화가 생길지 다음 내용을 참고하여 설명해 보자.

- 영국 자유주의 운동과 경제 발전
- 민족주의의 확산과 이탈리아와 독일의 통일
- 러시아의 개혁과 국민 국가의 확립
- 미국 영토 확대와 남북 전쟁
- 라틴 아메리카의 독립 열풍

책을 읽으며

1. 빈 체제 성립 이후 유럽과 아메리카의 역사를 읽으며 중요하다고 생각하는 내용에 밑줄 쳐 보자.

2. 부분별로 읽은 내용을 생각하며 빈칸을 채워 보자.

🔠 영국에선 왜 혁명이 일어나지 않았을까?: 영국 자유주의 운동과 경제 발전

1) (   )은 자유주의가 조용히 발전했다. 안정된 정치 덕분에 서로 타협하며 점진적으로 개혁해 나갔다. (   )에 대해서도 종교의 자유를 인정하고 (   )와 여자의 노동 시간도 제한했다.

2) 1832년부터 100년 동안 5차에 걸쳐 선거법을 개정하며 선거권을 확대했다. 노동
   자들은 21세 이상의 모든 (   )에게 선거권을 주고, 비밀 투표를 실시한다는
   (   )헌장을 채택하고 전국적으로 서명 운동을 벌이며 (   ) 운동을
   10년 이상 계속했다.

3) 제2차 개정 때는 도시의 소시민과 (   )가 선거권을 얻었고, 제3차 개정 때
   는 농업 및 광산 노동자에게 선거권이 제4차 개정 때는 21세 이상의 (   )와
   30세 이상 (   )에게 선거권이 주어졌다. 제5차 선거법 개정에서 21세 이상의
   모든 남녀에게 선거권이 주어졌다.

4) 영국 정부는 외국에서 들여온 곡물에 높은 관세를 부과하는 (   )과 영국
   으로 들어오는 수입품을 지나치게 규제하는 (   )도 폐지해 자유롭게 경쟁
   하는 (   ) 경제 체제를 만들었다.

Ⓑ 독일은 왜 파리에서 독일 제국 건설을 선포했을까?: 민족주의 확산과 이탈리아와
   독일의 통일

1) (   )에서는 마치니와 가리발디가 통일 운동을 시작했다. 이탈리
   아 북부의 (   )가 재상 카보우르의 활약으로 프랑스의 지원을 받
   아 이탈리아 북부와 중부를 통일했다. (   )가 시칠리아와 나폴리를 정
   복해 사르데냐 왕국에 바치자 에마누엘레 2세 왕은 이탈리아를 통일할 수 있었다.
   (   )와 교황령까지 병합해 이탈리아반도 전체를 통일했다.

2) 독일 통일은 (   )을 중심으로 이루어졌다. 근대로 접어든 후 프
   로이센과 오스트리아가 주도권을 놓고 경쟁을 벌였다. 19세기 이후 프로이센이
   (   )족의 여러 국가와 (   ) 동맹을 결성했다. (   )는
   여기에 참여하지 않았다.

3) 프랑크푸르트 의회를 통해 자유주의자들이 통일 국가를 건설하려 했지만 실패했다. 강력한 민족주의자인 (   )라는 재상이 등장해 신식 무기를 개발하고 군대를 훈련해 통일 국가 건설 준비를 했다. 게르만족의 일인자가 된 (   )은 오스트리아와 전쟁을 벌여 승리하고 북부 독일의 나라들을 모아 (   ) 연방을 세웠다.

4) 프로이센은 프랑스를 공격하며 위기도 겪었지만 파리로 진군해 (   ) 궁전에서 (   )의 통일을 선포하고 빌헬름 1세가 첫 황제가 되었다.

🅑 러시아의 차르는 왜 암살되었을까?: 러시아의 개혁과 국민 국가의 확립

1) 러시아는 (   ) 대제 이후 동쪽으로 태평양에, 서쪽으로 폴란드까지 진출했다. 하지만 19세기에도 차르(황제) 중심의 전제 정치가 이어지고 있었다. 젊은 장교들이 (   ) 도입을 주장하며 봉기했지만 실패했다.

2) 지중해로 나아가기 위해 (   ) 제국을 상대로 일으킨 (   ) 전쟁에서 영국과 프랑스가 참전하는 바람에 패했다.

3) 알렉산드르 2세가 (   )를 해방시켜 자유인으로 만들고, 지방 의회도 구성했다. 이 틈에 사회주의자들이 농민 계몽 운동인 (   ) 운동을 전개했지만 실패했고, 알렉산드르 2세가 암살되면서 다시 전제 정치가 강화되었다.

🅑 인디언이 이동한 길을 왜 '눈물의 길'이라고 할까?: 미국 영토 확대와 남북 전쟁

1) 유럽에서 국민 국가가 잇달아 탄생하는 동안 미국은 영토를 크게 늘렸다. (   ), (   )가 차지한 땅을 사들이고, 멕시코 영토였던 텍사스는 병합하고 전쟁을 통해 캘리포니아를 얻었다. 이후 (   )에서 알래스카를 사고 하와이까지 병합하며 오늘날의 영토가 되었다.

2) 영토가 넓어지고 개척 열풍이 불면서 ( )들과 충돌이 잦

아졌다. 원주민이 저항하자 '( )'을 만들어 강제로 보냈다.

3) 공업이 발달해 노동자가 많이 필요해 노예제를 ( )하는 북부와 노예를 투입

해 대농장에서 목화를 생산하는 탓에 노예제를 ( )하는 남부 사이에 갈등이

생겼다.

4) 노예제를 반대하는 ( ) 대통령이 당선되자 남부의 7개 주가 연방을 탈퇴해

( )을 만들었다. 남부 연합 군대가 연방군을 공격하면서 남북 전쟁

이 시작되어 4년 만에 ( )의 승리로 끝났다.

5) 남북 전쟁 후 미국 정치는 안정되었고, 산업은 빠른 속도로 발전해 19세기 후반 세

계 최고의 ( )이 되었다. 6년 만에 완공된 ( ) 철도는

미국 산업 발전의 토대가 되었다.

6) 폴란드, 헝가리 등 ( )과 ( ) 등에서 다양한 ( )가 몰려오

면서 풍부한 노동력은 미국 경제 성장을 이끈 비결이 되었다.

Ⓑ 볼리비아란 나라는 누구의 이름에서 비롯되었을까?: 라틴 아메리카의 독립 열풍

1) 19세기까지 ( )와 ( )의 지배를 받았던 중앙아메리카와

남아메리카는 라틴 전통이 강하게 남아 ( )라고 불린다. 유

럽이 나폴레옹 전쟁으로 정신없는 틈을 이용해 독립 투쟁이 시작되었다.

2) 에스파냐의 식민지였던 ( )는 17세기 말 프랑스령이 되었다. 원주민은

거의 사라지고 인구 대부분은 ( )에서 온 흑인 노예의 후손들이었다. 5

년에 걸친 전쟁 끝에 유럽 군대를 쫓아내고 최초로 ( )을 건설했다.

3) 에스파냐 이주민의 후손으로 식민지에서 태어난 백인인 (　　　　　)인 출신의
   (　　　　　)는 베네수엘라를 (　　　　　)로부터 독립시켰다. 이어 군대를
   이끌고 콜롬비아, 키토(에콰도르)를 독립시켰다. 페루 북부까지 진출해 에스파냐
   군대를 몰아내고 세운 나라는 볼리바르의 이름을 따서 (　　　　　)가 되었다.

4) 산마르틴은 혁명군을 훈련시켜 (　　　　　)의 독립 투쟁에 투입해 독립을
   얻어냈다. 또 칠레와 페루를 독립시켰다. (　　　　)에서는 19세기 초반부터 이
   달고 신부가 주도한 독립 투쟁 등 지속적으로 독립 투쟁을 벌여 1821년 독립을 인
   정받았다.

5) 라틴 아메리카에서 포르투갈의 유일한 식민지였던 (　　　　)은 포르투갈의 왕
   자가 본국 귀환을 거부하며 독립을 선언했다.

6) (　　　)이 라틴 아메리카의 독립을 지지했고, (　　　)의 먼로 대통령이 유럽은
   아메리카에 간섭하지 말라는 (　　　　　)를 발표하자 유럽의 보수주의자들도
   식민지로 되돌리려는 시도를 중단할 수밖에 없었다.

7) 독립 이후 라틴 아메리카 나라들은 여러 가지 어려움을 겪었다. 크리오요의 후손
   들에 비해 (　　　) 계열, 흑인이나 (　　　) 인종은 혜택을 누리지 못하고 빈
   곤층이 되었다. 군인이 (　　　　)를 일으켜 정권을 장악하고 독재 정치를 하기
   도 하고 나라 간 (　　　)이 벌어지기도 했다.

8) 미국은 (　　　)를 보호국으로 삼았고 (　　　　　　　)의 관리권을 빼앗기도
   했다. (　　　)은 라틴 아메리카로 진출해 철도와 광산 등 많은 이권을 차지했다.

**3. 17세기~19세기까지 유럽과 아메리카의 역사를 소개할 수 있는 핵심어를 떠올
리고 내용을 설명해 보자.**

🌐 12장 내용 가운데 빈 체제 이후 국민 국가의 발전에 대해 한눈에 정리해 보자.

📦 유럽 각국의 변화

1. 빈칸을 채우며 빈 체제 이후 영국, 러시아, 이탈리아, 독일의 주요 사건들을 정리해 보자.

영국

- 영국 국교회 외에 가톨릭교도 인정해 주었고, 일찍이 정치가 안정되어 꾸준히 선거권이 확대됨.
- 노동자를 포함한 21세 이상의 모든 남자에게 선거권을 주고 비밀 투표를 실시하자는 내용을 담은 인민헌장에 서명하는 ㉠(   ) 운동을 벌임.
- 곡물법과 ㉡(   )을 폐지하여 서로 자유롭게 경쟁하는 자유주의 경제 체제가 만들어짐.

이탈리아

- 빈 체제 시기에 오스트리아가 이탈리아의 많은 지역을 차지하고 있었음.
- 프랑스의 2월 혁명 이후 이탈리아 북부에 있는 ㉢(   ) 왕국을 중심으로 통일 운동 추진.
- 가리발디 의용군이 이탈리아 남부를 정복한 뒤 사르데냐 왕국에 이 땅을 바침.
- 베네치아와 교황령까지 병합하여 이탈리아 반도를 통일함.

독일

- 19세기까지 프로이센과 오스트리아가 경쟁을 벌임.
- 프로이센의 주도로 게르만족 여러 국가와 관세 동맹 결성.
- 프로이센의 재상이자 민족주의자였던 ㉣(   )가 철혈 정책 추진하며 군사력을 키움.
- 전쟁으로 오스트리아를 격퇴하고 북독일 연방 결성.
- 프랑스와의 전쟁에서 승리하고, 프랑스의 심장인 베르사유 궁전에서 독일의 통일을 선포함.

러시아

- 차르 중심의 전제 정치 때문에 시민계급이 성장하지 못함.
- 오스만 제국과 벌인 크림 전쟁에서 영국과 프랑스의 간섭으로 패한 이후, 차르 알렉산드르 2세가 농노 해방령을 발표하고 지방 의회를 구성하는 등 개혁 추진.
- 사회주의자들이 농민 계몽 운동인 ㉤(   ) 운동을 전개함.
- 알렉산드르 2세 암살 이후 전제 정치가 다시 강화됨.

🅑 미국의 발전

2. 빈칸을 채우며 영토 확장 과정에 대해 정리해 보자.

독립 당시 미국의 영토는 대서양 연안의 ㉠(　　)개 주에 불과했음.

➡

프랑스와 에스파냐로부터 땅을 사들이고, 멕시코와의 전쟁을 통해 캘리포니아를 얻어 냄.

➡

러시아로부터 ㉡(　　　　)를 사고, 하와이를 병합하며 오늘날 미국의 영토가 만들어짐.

➡

본격적인 서부 개척 시대가 열림.

➡

개척 과정에서 수많은 아메리카 원주민들이 삶의 터전을 잃게 됨.

3. 미국 북부와 남부의 차이로 알맞은 내용을 찾아 ○표하고, 빈칸을 알맞게 채우며 남북 전쟁 이후 미국의 변화에 대해 정리해 보자.

	북부	남부
자연 환경	철과 석탄 등 자원이 풍부	광활한 대농장
산업 발달	(공업 / 농업)	(공업 / 농업)
선호하는 무역 형태	(자유무역 / 보호무역)	(자유무역 / 보호무역)
노예제	(찬성 / 반대)	(찬성 / 반대)

남북 전쟁과 그 이후

- 노예제 폐지를 주장하던 ㉠(   ) 대통령이 당선된 이후 남부 7개 주가 연방을 탈퇴하여 남부 연합을 결성함.
- 남부 연합 군대가 연방군을 공격함.
- 4년 만에 ㉡(   )의 승리로 전쟁이 끝남.
- ㉢(   ) 철도가 완공되어 미국 산업 발전의 토대가 됨.
- 동유럽과 중국 등에서 다양한 이민자가 몰려오면서, 풍부한 노동력을 바탕으로 경제 성장을 이루고 세계 최대의 다민족 사회로 성장함.

Ⓑ 라틴 아메리카의 독립

4. 빈칸을 채우며 라틴 아메리카의 독립 과정을 정리해 보자.

배경

- 미국 혁명, 프랑스 혁명의 영향을 받아 에스파냐와 포르투갈의 지배를 벗어나기 위한 라틴 아메리카의 독립 투쟁이 시작됨.
- 라틴 아메리카의 독립을 지지하는 미국의 '먼로 선언'이 발표되고, 강대국인 영국이 라틴 아메리카의 독립을 지지함.

라틴 아메리카의 독립

- ㉠(   ): 흑인 노예의 후손들이 에스파냐 군대를 쫓아내고 최초로 흑인 공화
  국 건설.

- 베네수엘라 출신인 ㉡(   )가 베네수엘라, 콜롬비아, 키토(에콰도르)를
  독립시키고 페루 북부까지 진출하여 볼리비아를 건국함.

- ㉢(   )의 활약으로 아르헨티나, 칠레, 페루가 잇달아 독립에 성공함.

- ㉣(   ): 이달고 신부가 주도한 최초의 독립 투쟁은 실패로 돌아갔지만, 민
  중들이 굴하지 않고 끊임없이 독립 투쟁을 벌여 에스파냐로부터 독립을 쟁취함.

- ㉤(   ): 지배국이었던 포르투갈의 왕자가 이곳에 왔다가 본국으로 귀환하
  기를 거부하고 독립을 선언함으로써 자연스럽게 포르투갈로부터 독립하게 됨.

독립 이후의 변화

- 각국이 국민 국가 건설 과정에서 빈부 격차와 인종 차별 문제, 독재 정권 수립,
  미국 등 외세의 간섭으로 인해 혼란을 겪음.

1. 영국의 차티스트 운동이 무엇을 뜻하는지 설명하고 차티스트 운동의 결과를 서술해 보자.

2. 미국의 남북 전쟁 시기에 자신이 북부에서 공장을 운영 중인 상공업자였다고 가정하고, 노예제 폐지에 대한 찬반 입장을 정하여 그 까닭을 이어서 써 보자.

   노예제는 (유지 / 폐지)되어야 한다.

3. 볼리바르의 업적을 평가하는 글을 써 보자.

01. 다음 밑줄 친 부분의 설명이 옳지 <u>않은</u> 것은?

> 유럽의 이 나라는 일찍부터 정치적으로 안정되어 유혈 혁명이 없었다. ①가톨릭에 대한 종교의 자유도 인정했고 ②귀족과 젠트리에게만 부여됐던 선거권이 자본가와 중산 계급까지 확대되었다. 하지만 ③노동자들은 21세 이상의 모든 남자들의 선거권을 요구하며 차티스트 운동을 벌였고 이로 인해 ④남성뿐 아니라 여성들에게도 동등한 선거권이 부여되었다. 또한 경제성장도 안정되어 ⑤자본가 계급은 곡물법과 항해법의 폐지를 요구하고 나섰다.

02. 다음 중 독일 통일 과정에 대한 설명으로 옳은 것은?

① 빈 체제를 이끈 메테르니히에 의해 주도되었다.

② 사르데냐 왕국이 중심이 되어 통일을 이루었다.

③ 오스트리아를 견제하기 위해 프랑스를 끌어들였다.

④ 프랑크푸르트 의회를 중심으로 통일 국가를 이루었다.

⑤ 관세동맹을 결성하여 자유무역을 시작했다.

[03~04] 아래 글을 읽고 물음에 답하시오.

> (Ⓐ)는 19세기에도 차르를 중심으로 한 전제 정치가 이어지고 있었다. 지중해로 진출하기 위해 (㉠)을/를 차지하고자 전쟁을 벌였으나 영국과 프랑스의 참전으로 패하고 말았다.
> (Ⓐ)는 강대국으로 성장하기 위해 농노를 자유인으로 해방하고 지방 의회를 구성하는가 하면 농촌에서는 농민들을 계몽하기 위한 (㉡)운동이 전개되었다.

03. Ⓐ에 들어갈 나라 이름을 쓰시오.

04. ㉠과 ㉡에 들어갈 말로 알맞게 짝지어진 것은?

	㉠	㉡
①	비잔틴 제국	차티스트
②	오스만 제국	브나로드
③	크림반도	사회주의
④	크림반도	브나로드
⑤	오스만 제국	자유주의

05. 미국의 남북 전쟁에 대한 설명으로 옳지 <u>않은</u> 것은?

① 대농장을 소유한 남부에서는 목화 수출을 위해 보호무역을 지지했다.

② 값싼 인력이 많이 필요했던 북부에서는 노예제 폐지를 주장했다.

③ 링컨이 대통령으로 당선되면서 남부 연합이 미 연방에서 탈퇴했다.

④ 링컨 대통령은 노예 해방을 공식적으로 선언했다.

⑤ 처음에는 남부군이 우세했지만 결국 북부군의 승리로 끝났다.

06. 라틴 아메리카의 독립에 대한 설명으로 옳지 <u>않은</u> 것은?

서인도 제도에 위치한 아이티는 라틴 아메리카에서 ①<u>최초로 공화국을 건설했</u><u>다.</u> 에스파냐의 지배를 받았던 나라들은 ②<u>백인과 원주민의 혼혈인 크레오요들이</u> 차별에 저항하며 독립운동에 나섰다. 대표적 인물로 ③<u>볼리바르, 산마르틴, 이달</u><u>고 신부 등이 있으며</u> ④<u>콜롬비아, 페루, 멕시코 등이 독립했다.</u> 독립 이후 크리오 요의 후손들은 ⑤<u>원주민과 흑인들에 대한 처우를 개선하며</u> 정치적으로 안정을 찾 아갔다.

유럽의 산업화와 제국주의

📖 산업 혁명이 촉발한 약육강식의 시대

책을 읽기 전에

🌍 13장에서 만나게 되는 다음 용어의 뜻을 떠올려 보고 사전이나 인터넷 검색을 이용해 정확하게 알아 두자.

- 산업 혁명:
- 진화론:
- 제국주의:
- 식민지:
- 낭만주의:

책을 읽으며

1. 산업 혁명과 함께 급격하게 변화하는 유럽 사회와 이후 서구 열강들의 식민지 경쟁 속에서 어려움을 겪어야 했던 아시아 · 아프리카 국가들의 18~19세기 역사를 읽으며 중요하다고 생각하는 내용에 밑줄 쳐 보자.

2. 부분별로 읽은 내용을 생각하며 빈칸을 채워 보자.

   📙 공터에 울타리를 두른 까닭은?: 산업 혁명의 시작과 전개

   1) 18세기 후반 (   )가 발명되고 생산 기술이 개선되면서 (   )이 시작되었다.

2) 18세기 영국은 정치적으로 안정되어 시민 계급은 자유로운 경제 활동이 가능했고, 산업 혁명에 필요한 (   )과 (   )을 갖추었다. 또 많은 (   ) 덕분에 원료를 싸게 구하고 완성 제품을 쉽게 팔 수 있었다.

3) 16세기 영국에서는 (   ) 공업에 필요한 양털 확보를 위해 개간하지 않은 땅이나 공유지에 울타리를 쳐서 양 목장으로 사용하는 (   ) 운동이 시작되었다. 그로 인해 농지를 잃은 농민들이 (   )에 정착해 임금을 받는 (   )가 되었다.

4) 산업 혁명이 시작된 분야는 (   ) 공업이었다. 영국은 면화에서 실을 뽑는 방적기와 그 실로 천을 짜는 방직기 등 여러 기계를 개발해 (   ) 생산을 시작했다.

5) 18세기 후반 제임스 와트의 (   )이라는 새로운 동력이 등장했다. 면직물 공장에서 이 증기 기관을 도입해 (   )이 크게 늘어났고 영국을 대표하는 산업으로 떠올랐다.

6) 영국의 스티븐슨은 (   )를 운행하는 데 성공했고, 미국의 풀턴은 (   )을 허드슨 강에 띄웠다. 전신 기술과 전화도 발명되었다.

🅑 자본주의의 3대 요소는 무엇일까?: 산업 혁명의 확산과 자본주의의 발전

1) 19세기 전반 영국의 산업 혁명이 (   )로 전파되어 (   ) 공업을 중심으로 진행되었다. (   )은 남북 전쟁이 끝난 후 북동부를 중심으로 공업이 발전해 19세기 후반 세계 최대의 (   )으로 성장했다.

2) (   )은 정부가 주도해 중화학 공업을 육성했고, (   ), 일본 등에서도 산업화 움직임이 나타났다.

3) 산업 혁명으로 인해 농업 사회가 (   ) 사회로 바뀌었고, (   ) 체제
도 확립되었다.

4) 자본주의 체제가 완성되려면 자본으로 공장을 운영하며 노동자를 고용하는
(   ), 자본가에게 고용되어 생산을 담당하며 대가로 임금을 받는
(   ), 제품의 생산과 소비를 결정하는 역할을 하는 (   )의 3대
요소가 갖추어져야 한다.

5) 애덤 스미스의 『(   )』은 자본주의 체제를 설명한 이론서로, 국부를 키우
려면 (   )가 경제 활동을 통제하지 말라는 (   )가 핵심이다.

6) 19세기 중반에 열린 (   )는 각국의 첨단 문물과 산업 기술이
전시되어 '자본주의의 꽃'이라 불렸다. 세계 최초의 만국 박람회는 영국 런던의
(   )에서 열렸다.

ⓑ 노동자들은 왜 기계를 부쉈을까?: 자본주의 발전에 따른 사회 문제의 발생

1) 극도의 경제 위기인 (   )은 제품 생산량이 지나치게 많아 재고량이 급증
할 때 발생한다. 제품 (   )은 떨어지고 기업은 문을 닫게 된다. 노동자는
(   )를 잃고, 다른 기업, 다른 지역, 다른 나라로도 번진다.

2) 산업 혁명 이후 전반적으로 풍요로워졌지만, 노동 환경은 열악했다. 19세기 초반 러
다이트를 비롯한 일부 노동자들은 기계를 파괴하면 노동자들의 (   ) 문제
가 해결될 거라고 생각했다. 이 기계 파괴 운동을 (   ) 운동이라 한다.

3) 노동자들은 (   )을 만들어 (   ) 개선을 요구했지만 받아
들여지지 않았다. 19세기 중반 이후에야 유럽 여러 나라에서 노동조합을 법적으
로 인정했다.

4) 독일의 카를 마르크스는 자본주의 체제를 비판하며 (   )를 대안으로 제시했다. 사회주의는 (   )들이 생산의 주역이며, 생산물을 공동으로 (   )해야 한다는 사상이다.

5) 사회주의 사상은 (   )를 중심으로 빠른 속도로 확산하여 여러 나라에서 사회주의 단체가 만들어졌다. 20세기 초 (   )에서 최초로 사회주의 국가가 탄생했다.

ⓑ 낭만주의는 왜 계몽주의를 배격했을까?: 19세기의 과학과 예술

1) 19세기에는 과학 기술도 발전했다. (   )이 진화론을 주장했고, 멘델은 (   ) 법칙을 발표했다. 뢴트겐이 (   )을, 영국의 패러데이가 발전기의 원리를, (   ) 부부는 라듐을 발견했다.

2) 19세기 중반 프랑스에서 (   )가, 미국에서 가정용 재봉틀이 발명됐다. 19세기 후반 미국의 (   )은 축음기와 전등을 발명했다.

3) 인문 과학도 발달해 독일의 철학자 (   )은 관념론 철학을 완성하고, (   )는 실증주의를 주장했다.

4) 19세기 초반까지 유럽의 예술 분야에서 감정에 충실하고 상상력을 중요하게 여기는 (   )가 크게 유행했다. 미술 분야의 들라크루아, 음악 분야의 슈베르트와 (   ), 바그너가 대표적이다.

5) 낭만주의가 약해지고, 현실을 그대로 보려는 (   )와 자연 과학적 방법으로 사회와 인간의 변화를 다루는 (   ) 작가들이 나타났다.

6) 자연주의에서 발달한 유파로 그림을 그리는 순간 받는 (   )을 그림으로 표현하는 (   )를 비롯해 입체파나 미래파와 같은 새로운 예술 사조도 나타났다.

⊕ 다윈의 진화론이 제국주의 이념이 되었다?: 제국주의의 등장과 확대

1) 19세기 중반부터 불황이나 공황과 같은 (   ) 부작용이 나타나기 시작했다. 선진 자본주의 국가들은 이 문제를 해결하기 위해 아시아와 아프리카 (   )를 늘리려 했다.

2) 자기 나라의 이익을 위해 식민지를 늘리고 착취하는 정책인 (   ) 를 추구하는 나라들은 우월한 국가가 열등한 식민지를 지배하는 것은 당연하다는 (   )을 주장했다.

3) 먼저 제국주의 시대를 연 나라는 (   ), (   ), 네덜란드였다. 이어 (   ), 이탈리아, (   ), (   ) 등이 식민지 쟁탈전에 뛰어들었다.

4) 북에서 남쪽으로 점령지를 넓히는 종단 정책을 실시한 (   )과 횡단 정책을 편 (   )가 수단의 파쇼다에서 충돌한 것이 (   )이다.

5) (   )은 독일의 베를린, 이란의 바그다드, 오스만 제국의 비잔티움을 잇겠다는 뜻의 (   ) 정책을 추진했다.

6) 아시아 지역에서는 (   )이 산업화에 성공하면서 제국주의 대열에 합류해 한국과 (   )을 식민지로 만들었다.

⊕ 열강이 중국을 노린 까닭은 뭘까?: 제국주의 열강의 아시아와 아프리카 침략

1) 영국은 마약인 아편을 (   )에서 산 뒤 (   )에 가서 팔아 막대한 돈을 벌다 청 정부가 막자 전쟁을 일으켰다. 아편 전쟁에서 승리한 (   )이 많은 이권을 가져가자 나머지 열강들도 잇달아 중국으로 진출했다.

2) 영국은 (   )를 합병하고, 인도차이나반도의 (   )와 말레이반도를 차지했다. 중앙아시아의 (   )도 보호국으로 만들었다.

3) (   )는 전쟁을 벌여 (   )을 식민지로 만들고, 라오스, 캄보디아 등 인도차이나반도의 대부분을 차지했다. 네덜란드는 (   )를 차지했다. 에스파냐의 식민지였던 필리핀은 (   )의 식민지로 바뀌었다. 동남아시아에서 (   )만 유일하게 열강의 식민지가 되지 않았다.

4) 열강들은 식민지의 (   )을 이용해 커피나 사탕수수, 고무 등 특정 작물을 재배하는 (   )이라는 대농장을 만들어 동남아시아를 제품의 원료를 공급하는 기지로 삼았다.

5) 18세기 후반 영국의 식민지가 된 (   )와 뉴질랜드를 비롯해 (   )의 다른 지역도 영국, 독일, 미국의 식민지가 되었다.

6) 19세기 후반 유럽 열강들이 베를린에 모여 (   ) 회의를 열고 (   )를 임자 없는 땅으로 규정하고, 라이베리아와 (   )를 제외한 아프리카 전역을 나눠 가졌다.

3. 산업 혁명과 제국주의와 식민지까지 13장에서 읽은 세계사를 생각하며 궁금한 점을 생각하고 그에 대한 자신의 의견을 정리해 보자.

🌐 13장 내용을 한눈에 정리해 보자.

🅑 산업 혁명이 불러온 사회 변화

1. 빈칸을 채우며 산업 혁명 전후 영국과 유럽의 모습을 알아보자.

배경

- 명예혁명 이후 정치적으로 안정됨.
- 철, 석탄 같은 풍부한 지하자원이 매장.
- 일찍부터 모직물 공업이 발달하여 충분한 자본과 기술 축적.
- 식민지 개척으로 값싸게 원료를 들여오고, 제품을 판매할 시장이 확보되었음.
- ㉠(　　　　　) 운동의 결과 많은 농민이 농지를 잃고 도시로 모여들었기 때문에 노동자를 쉽게 확보할 수 있었음.

과정

- 시작: 영국에서 방직기와 ㉡(　　　　　) 발명 → 제임스 와트가 ㉢(　　　　　) 발명 → 면직물 공업 발달 → 교통·통신수단의 발달(증기 기관차, 증기선, 전신과 전화 발명)
- 확산: 19세기 전반 프랑스 북동부 지역을 중심으로 산업 혁명 진행.

  19세기 중반 독일, 벨기에, 미국으로 산업 혁명이 확산.

  19세기 후반 러시아에서도 석유 산업과 광산업 발달, 아시아 국가로는 유일하게 ㉣(　　　) 이 정부 주도하에 산업화 진행.
- 결과: 도시가 급성장하고, 농업 사회가 ㉤(　　　　　)로 변함.

산업 혁명 시기 조선에서는 당시 사회·경제적 변동으로 인한 사회의 문제점을 제기하며 농민 생활의 안정을 추구하고 상공업을 진흥하자는 주장을 펼치는 실학자들이 등장하였다.

ⓑ 자본주의의 빛과 그림자

2. 빈칸을 채우며 산업 혁명이 불러온 사회의 변화를 정리해 보자.

자본주의의 발전: '자본주의의 꽃' 만국 박람회

• 중산 계급과 자본가가 사회의 지도층으로 떠오름.

• 산업 자본가들이 경제력을 바탕으로 정치에 진출하여 자신들의 경제적 이익과 기업 활동의 자유를 적극 옹호하며 자본주의 발전.

• 애덤 스미스가 『㉠(   )』을 통해 '보이지 않는 손'이 시장의 문제를 해결하므로 정부는 시장에 간섭하지 말아야 한다는 ㉡(   )를 주장함.

사회 변화 및 각종 문제의 발생: '자본주의의 덫' 공황

• 노동자의 저항: 일자리를 빼앗는 공장 기계를 파괴하는 ㉢(   ) 운동을 벌이고, 노동자들의 권리를 주장하는 노동조합을 결성함.

• ㉣(   ) 등장: 독일의 카를 마르크스가 자본주의의 문제점을 비판하고 공동 생산과 공동 분배를 주장.

▣ 19세기 과학과 예술의 발달

3. 표를 완성하며 19세기에 꽃피었던 문화들의 특징을 알아보자.

생물학	• 다윈의 ㉠( ), 멘델의 유전 법칙이 발표됨.
화학과 의학	• 뢴트겐이 X선을, 패러데이가 발전기의 원리를, 퀴리 부부가 라듐을 발견함.
발명품	• 프랑스에서 카메라가, 미국에서 가정용 재봉틀이 발명됨. • 미국의 ㉡( )이 축음기와 전등을 발명함.
인문 과학	• 독일의 철학자 ㉢( )의 관념론. • 철학자 콩트의 실증주의.
예술	• 계몽주의에 반발하여 ㉣( )가 유행함(미술의 들라크루아, 음악의 슈베르트, 쇼팽, 바그너). • 사실주의, 자연주의가 나타남. → 인상파(마네, 모네, 세잔, 고흐 등), 입체파 등 새로운 예술 사조 등장.
문학	• 현실을 고발하는 사실주의 작가들이 등장함. (도스토옙스키, 톨스토이, 발자크, 위고, 디킨스 등)

▣ 제국주의 열강의 아시아, 아프리카 침략

4. 빈칸을 채우며 제국주의의 특징과 등장 배경을 정리해 보자.

제국주의: 열강들이 자기 나라의 이익을 위해 식민지를 늘리고 착취하는 해외 팽창 정책.

• 19세기 중반부터 유럽의 ㉠( )가 고도로 발전하며 그 부작용으로 불황과 ㉡( )이 주기적으로 발생.

• 열강이 자국의 문제를 해결하기 위한 안정적인 상품 판매 시장, 원료 공급지, 자본 투자처 확보를 위해 ㉢( )를 늘림.

• 아시아와 아프리카를 열등한 사회로 규정하고, 우월한 열강이 이들을 지배하는 것이 당연하다는 ㉣( )을 주장.

5. 식민지 확장 정책으로 인해 아시아와 아프리카에서 제국주의 열강들 사이에 어떤 충돌이 일어났는지 정리해 보자.

1) 아시아에서의 충돌

> 17세기 초 영국이 인도와의 교역을 위한 ㉠(   )를 최초로
> 설립하였고, 네덜란드, 프랑스 등 다른 나라도 무역 활동 참여.

⬇

> 19세기가 되자 열강들의 아시아 식민지화가 본격화됨.

⬇

> • 영국이 인도와 중국에서 주도권을 가지게 됨. 오스트레일리아와 뉴질랜드를 식민지로 삼음.
> • 프랑스는 ㉡(   )반도 대부분을 차지함.
> • 네덜란드가 인도네시아를 식민지로 삼음.
> • 필리핀은 원래 에스파냐의 식민지였다가 미국의 식민지로 바뀜. 하와이와 괌도 미국이 차지함.

⬇

> ㉢(   )를 제외한 아시아 전역이 열강의 식민 지배를 받음.

> • 타이(시암)는 영국과 프랑스의 식민지 확보 경쟁 속에서 평형을 지키기 위한 도구로서 독립을 유지할 수 있었음.

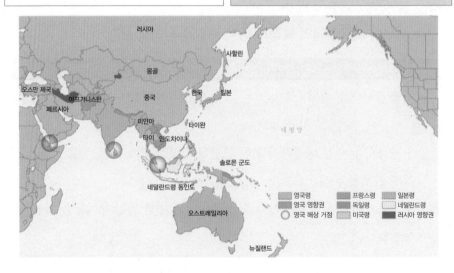

2) 아프리카에서의 충돌

> 영국의 탐험가였던 리빙스턴과 스탠리가 아프리카 내륙을
> 유럽에 처음 소개한 이후, 아프리카에 대한 관심이 크게 증가함.

↓

> 유럽 열강들이 모인 ㉠(   ) 회의에서 아프리카를 임자 없는 땅으로
> 규정하고, 선교사든 무역상이든 먼저 가서 자기 나라의 국기만 꽂으면
> 그 땅이 자기 나라의 것이 된다고 선언함.

↓

> 열강들이 서로 아프리카 영토를 확보하려는 과정에서
> 파쇼다 사건(영국 대 프랑스) 같은 충돌이 발생하기도 함.

↓

> ㉡(   )와 ㉢(   )를 제외
> 한 아프리카 전역이 유럽의 식민지가 됨.

> • 라이베리아는 미국에서 해방된 노예들을
>   중심으로 건국되어 미국의 후원을 받음.
> • 에티오피아는 메넬리크 2세의 근대화 노
>   력과 열강에 대한 투쟁으로 식민 지배를
>   피할 수 있었음.

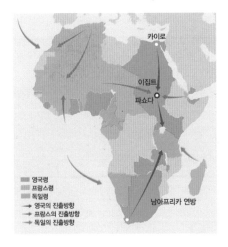

1. 아래에서 설명하는 사건의 명칭과 결과를 산업 혁명과 관련하여 서술해 보자.

> 영국에서는 개간하지 않은 땅이나 공유지에 울타리를 쳐서 양 목장으로 사용하고 농장의 규모를 키우는 운동이 일어났다.

2. 영국에서 산업혁명이 가장 먼저 일어나게 된 까닭 세 가지를 서술해 보자.

(1)

(2)

(3)

3. 사회주의 사상이 대두된 당시 사회의 문제점을 떠올리며, 카를 마르크스의 주장이 무엇인지 다음 단어를 사용하여 완성해 보자.

> • 노동자   • 자본가   • 혁명

카를 마르크스는 _____

_____(하)기 때문에 _____

_____(라)고 주장했다. 그는 모든 사람이 평등하게 공동 생산, 공동 분배를 하

는 공산주의 사회를 이상적인 사회라고 보았다.

4. 영국의 제국주의자 세실 로즈가 주장했던 내용을 읽고, 식민지 확보의 장점을 제국주의 열강의 입장에서 두 가지 이상 서술해 보자.

> 영국 국민을 내란의 위기에서 구하려면 새로운 영토를 개척해야만 한다. 우리는 제국주의자가 되어야 한다.

세실 로즈

식민지를 확보하면_____

_____

_____

_____

5. 다음에서 설명하는 이론은 무엇이며, 이 이론이 제국주의에 미친 영향을 서술해 보자.

> 다윈의 생물 진화론에 기초한 사회 이론으로, 사회가 일정한 방향으로 진화, 발전한다고 보았다. 인간 사회의 생활을 생존 경쟁으로 보고, 적자생존에 의한 자연선택 과정을 통해 우수한 경쟁자가 살아남고 인구의 질이 계속 향상된다고 믿었다.

6. 베를린 회의(1884년)가 소집된 원인과 회의에서 결정된 내용이 무엇인지 서술해 보자.

7. 오른쪽 지도에 나타난 아프리카 국경선의 특
   징을 설명해 보고, 이러한 국경선으로 인해
   어떤 문제가 발생하였는지 설명해 보자.

8. 19세기 말 세계정세 속에서 다음 국가들의 공통점에 대해 서술해 보자.

> • 라이베리아   • 에티오피아

01. 다음 중 영국에서 산업 혁명이 일어날 수 있었던 요인으로 볼 수 <u>없는</u> 것은?

① 철과 석탄 등 지하자원이 풍부했다.

② 인클로저 운동으로 노동자의 임금이 높아졌다.

③ 식민지로부터 값싼 원료를 구할 수 있었다.

④ 정치적으로 안정되어 경제 발전에 집중할 수 있었다.

⑤ 넓은 식민지를 확보하여 상품을 판매할 시장이 많았다.

02. 다음 괄호 안에 들어갈 사건에 의한 결과를 〈보기〉에서 고른 것은?

> 18세기 후반 영국에서 일어난 (   )은/는 기계에 의한 생산과 기술 혁신으로 사회에 대변혁을 일으켰다.

─┤ 보기 ├─

ㄱ. 산업 자본가들이 사회 지도층으로 부상

ㄴ. 노동자들의 임금 상승과 삶의 질 개선

ㄷ. 영국에서 시작되어 독일, 프랑스 등으로 전파

ㄹ. 농장을 개간하여 울타리치기 운동이 벌어짐.

ㅁ. 기계를 부수고 노동조합을 결성함.

① ㄱ, ㄴ 　② ㄱ, ㄷ, ㄹ 　③ ㄱ, ㄷ, ㅁ 　④ ㄴ, ㄹ 　⑤ ㄴ, ㄷ, ㄹ

03. 아래의 주장에 따른 결과로 가장 옳은 것은?

> 사회는 단순한 상태에서 복잡한 상태로 진화하며, 더 발달한 사회가 덜 발달한 사회를 지배하는 적자생존의 원칙이 적용된다.　　　　- 허버트 스펜서

① 자유무역에 의한 경제발전을 주장하는 사람들이 생겨났다.
② 사회가 보다 복잡해지는 것에 대한 거부감이 줄었다.
③ 새로운 항로를 개척하면서 미지의 문명을 탐방하기 시작했다.
④ 식민지를 약탈하고 지배하는 것을 당연하게 여겼다.
⑤ 식민지의 다양한 문화를 존중하고 보존했다.

04. 다음 서양 열강들이 차지했던 식민지를 바르게 연결하시오.

영국　　　　　•　　　　　　　•　　　　브라질

프랑스　　　　•　　　　　　　•　　뉴질랜드, 인도

독일　　　　　•　　　　　　　•　　인도차이나반도

네덜란드　　　•　　　　　　　•　　　마셜 제도

미국　　　　　•　　　　　　　•　　　　필리핀

포르투갈　　　•　　　　　　　•　　　인도네시아

05. 다음의 빈칸에 들어갈 말을 쓰시오.

영국은 아시아와 아프리카를 잇는 (㉠) 정책에 따라 아프리카의 북에서 남쪽으로 이어지는 종단 정책을 실시했다. 이에 맞서 (㉡)은/는 3B 정책을 추진했다. (㉢)은/는 마다가스카르에서 알제리에 이르는 아프리카 횡단 정책을 펼치다 영국과 (㉣)에서 충돌했다.

Chapter 14 서아시아와 인도의 국민 국가 건설 운동

📖 근대화 운동으로 제국주의에 맞서다

책을 읽기 전에

🌐 먼저 읽은 13장과 14장 제목을 바탕으로 오스만 제국과 인도가 어떠한 19세기를 맞이하게 될지 예상해 보자.

책을 읽으며

1. 오스만 제국과 인도를 중심으로 19~20세기 아시아 · 아프리카 일부 국가들의 역사를 읽으며 중요하다고 생각하는 내용에 밑줄 쳐 보자.

2. 부분별로 읽은 내용을 생각하며 빈칸을 채워 보자.

　📵 오스만 청년 장교들은 왜 혁명을 일으켰을까?: 오스만 제국의 개혁과 혁명

　1) 레판토 해전 이후 약해지던 오스만 제국과 팽창 정책을 추진하던 (　　　　　) 사이에 전쟁이 벌어져 1차 전쟁에서 (　　　　　　　)이 패했다.

　2) 오스만 제국의 지배를 받던 (　　　　　)가 영국과 프랑스의 지원을 받아 독립하고 이어 (　　　　　)가 독립했다. 오스만 제국은 영국과 불평등한 통상 조약을 체결했다.

　3) 술탄이 개혁(　　　　　　)을 지휘했다. (　　　　　　　)을 모델로 민족과 종교 차별을 없애고 보통 교육을 실시하며 세금 제도도 고치고 징병제를 도입했다.

4) 미드하트 파샤 총리가 (   )를 시행한 개혁은 실패했다. 러시아와

의 전쟁에 참패하고 발칸반도 슬라브족 국가들의 독립을 허용해야 했다. 술탄 압

둘 하미드 2세는 (   )을 정지시키고 (   )로 복귀했다.

5) 오스만 제국의 청년 장교들이 (   )을 조직해 혁명을 일으키

고 (   )을 끌어내렸다. 청년 튀르크당은 근대화 개혁을 다시 시작했다.

6) 권력을 잡은 청년 튀르크당이 극단적인 (   )를 내세우며

아랍 민족을 탄압하자 아랍 지역에 (   )가 등장했다.

⑤ 수에즈 운하가 이집트의 소유가 되지 못한 까닭은?: 이집트 및 아프리카의 근대화 운동과 민족 운동

1) (   )는 16세기 초부터 오스만 제국의 지배를 받았다. 18세기 말 프랑스의

(   )이 침략했다 (   )에 밀려 철수했다. 이후 총독 무함마드 알리

가 영국의 도움을 받아 독립을 쟁취했다.

2) 세계에서 가장 긴 (   ) 운하 건설에 필요한 공사비 조달을 위해 발행한 주

식을 (   )이 사들인 후 이집트에 대해 내정 간섭이 심해졌다.

3) 아라비 파샤라는 인물 중심의 (   )가 봉기했지만 영국 군대에 진압당하고

(   )년 이집트는 (   )의 식민지가 되었다.

4) 열강의 침략에 아프리카 여러 나라가 저항했다. 영국과 (   ) 양쪽의 지배

를 모두 받던 (   )은 반외세 민족 운동을 벌였지만 15년 만에 실패로 끝났다.

5) (   )는 유럽 국가와의 전쟁에 승리하고 근대화를 시작했다. 이후

에티오피아를 식민지로 선포한 (   )와 전쟁을 벌여 승리해 제1차 세계

대전 무렵까지 독립을 지킬 수 있었다.

6) 알제리의 프랑스에 대한 저항, 리비아의 이탈리아 침략에 맞선 싸움, 탄자니아와 나미비아의 독일에 맞선 싸움이 모두 (   )로 끝났다.

🅑 아랍 민족이 오스만 제국의 술탄을 반대한 까닭은?: 아라비아 국민 국가 건설 운동 과 이란 혁명

1) 18세기 중반 오스만 제국이 약해지면서 아라비아반도에서 이슬람 개혁 운동인 (   ) 운동이 시작되었다. 정통 (   ) 시대의 순수했던 이슬람 정신 으로 돌아가야 한다고 주장했다.

2) (   )는 아랍 민족주의와 와하브 운동의 영향을 받아 탄생했 다. 아랍 민족주의는 (   ) 부흥 운동으로 이어졌고, 이 과정 에서 오늘날의 (   )가 확립되었다.

3) 오늘날의 이란이자 과거에 (   )라 불렸던 곳에 있던 (   ) 왕조 가 18세기 중반 멸망했다. 18세기 말 튀르크족 혈통이 (   ) 왕조를 세워 이란 전역을 재통일했다.

4) 팽창 정책을 추진하던 (   )와 이를 막으려는 영국이 (   )에서 경쟁하 고 충돌하는 과정에서 카자르 왕조는 이권을 많이 잃고 추진하던 근대화 개혁도 성공하지 못했다.

5) 영국 상인의 담배 독점권에 대해 이란의 담배 경작자와 상인의 (   )은 이슬람 성직자와 개혁 세력이 가세해 카자르 왕조에 대한 (   )으로 발전했다.

6) 담배 불매 운동으로 인한 피해에 대한 영국의 배상금 요구에 거액의 (   )을 들 여오자, 민중 봉기로 입헌 혁명이 일어났지만 성공하지 못했다. 이때 이란은 많은 영토를 (   )과 (   )에 빼앗겼다.

ⓑ 인도의 면직물 산업은 왜 몰락했을까?: 세포이의 항쟁과 영국의 인도 병합

1) 17세기 초 영국은 인도 (   )에 동인도 회사를 설치했다. 네덜란드에 이어 프랑스가 동인도 회사를 세우면서 (   )과 (   )의 인도에서의 경 쟁이 치열해졌다.

2) 18세기 무렵 (   ) 황제가 이슬람 정통주의를 앞세우며 다른 종교를 탄압하 자 무굴 제국은 쇠퇴했다. 영국과 프랑스는 세력을 확대하며 (   )을 차지하려 했다.

3) 벵골의 태수(총독)가 프랑스와 손잡고 영국과 맞서 (   ) 전투가 벌어졌다. (   )의 승리로 인도 경제는 더욱 망가졌다.

4) 영국은 인도의 (   )를 헐값에 사서 영국의 공장에서 대량 생산해 (   )에 서 저렴하게 판매했다. 그 결과 인도의 (   ) 산업이 몰락했다.

5) 영국은 인도인들을 크리스트교로 (   )시키려 하고, 인도의 (   )와 힌두교도의 분열을 부추겼다.

6) 인도에서 대형 저항 운동인 (   )이 일어났다. 영국 동인도 회 사에 고용된 인도인 용병(세포이)들의 항쟁은 (   ) 전역으로 확산되어 ( ) 운동으로 2년 동안 이어졌다.

7) 영국 군대의 진압에 무굴 제국은 멸망했다. 영국은 (   )을 파견해 인도를 직 접 통치하다 19세기 후반에는 (   ) 인도 제국을 세워 영국 왕이 인도 (   )를 겸했다.

ⓑ 영국은 왜 벵골을 분할하려 했을까?: 인도 국민 회의의 반영 운동

1) 인도 (   )과 (   ) 지도자들이 주도해 개혁 운동을 시작했다. (   ) 운동이라는 힌두교 개혁 운동을 벌였다.

2) 인도인의 민족의식을 인정하는 척하면서 실제로는 탄압하는 방식으로 식민 통치
   를 하려는 목적으로 만들어진 기구가 (   )이다. 시간이 지
   나고 인도 국민 회의도 (   )을 벌이기 시작했다.

3) 1905년 영국은 벵골 서부에 힌두교도가 많고 동부에 이슬람교도가 많다는 점을
   구실로 (   )을 발표했다. 강하게 반발하는 벵골의 힘을 약하게
   만들기 위해 (   ) 갈등을 이용한 것이다.

4) 벵골 분할령 발표 이후 인도 국민 의회가 (   )에서 대회를 갖고 영국 제품
   불매, 국산품 애용(   ), 자치 획득(   ), 민족 교육 등 4대 강
   령을 채택하고 강력하게 벵골 분할 반대 운동을 벌였다.

5) 5년 넘게 계속되고 인도 전역으로 확산된 투쟁에 (   )은 벵골 분할령을 취소
   하고 명목상으로나마 인도의 (   )를 인정했다.

🅔 타이가 식민지가 되지 않을 수 있었던 비결은?: 동남아시아의 국민 국가 건설 운동

1) 프랑스는 (   )을 차지하고, 이어 라오스 캄보디아 등 (
)의 대부분을 식민지로 만들었다.

2) 영국은 인도차이나반도의 (   )와 말레이반도를 차지했다. (   )는
   인도네시아를 식민지로 만들고, 필리핀은 (   )의 식민지가 되었다. 태평양의
   도서 지역은 미국, 영국, 독일이 나누어 가졌다.

3) 유럽 열강이 (   )를 식민지로 삼은 것은 중국으로 가는 길 확보와
   제품 원료나 향신료를 헐값에 공급받기 쉬워서였다. 이 때문에 동남아시아에서
   는 커피, 사탕수수, 고무와 같은 특정 작물만 생산하는 (   ) 농업
   이 발전했다.

4) (　　　　　)에서는 프랑스의 침략에 맞선 운동이 전개되었고, (

　　　)에서는 이슬람 동맹이 주도하는 민족 운동이, 필리핀에서는 필리핀 연맹이 국

민 계몽 운동과 (　　　　　　)로부터 독립 투쟁을 시작했다.

5) (　　　)는 왕실이 주도해 근대화 개혁과 (　　　　　　　　)를 펼쳤다. 영국과 프

랑스가 충돌을 피하기 위해 두 나라 식민지 사이에 있는 타이를 건드리지 않아 독

립을 유지할 수 있었다.

3. 14장에서 읽은 내용을 생각하며 오스만 제국, 인도, 동남아시아의 19세기를 간

단히 정리해 보자.

🌏 14장 내용을 한눈에 정리해 보자.

🅑 오스만 제국의 쇠퇴와 영토 축소

1. 빈칸을 채우며 오스만 제국이 약화해 가는 과정을 정리해 보자.

얼지 않는 항구를 개척하여 지중해로 나아가려는
㉠(   )가 오스만 제국과 러시아 · 튀르크 전쟁을 벌임.

1차 러시아 · 튀르크 전쟁에서 오스만 제국이 패배한 후,
러시아의 지중해 진출을 막고 오스만 제국에 영향력을 행사하려는
프랑스와 영국이 오스만 제국에 간섭하기 시작함.

㉡(   )의 독립(프랑스와 영국이 그리스 독립 지원)을 계기로
오스만 제국 내 여러 민족의 독립 투쟁이 이어졌고,
㉢(   )의 자치도 허용하게 됨.

프랑스와 영국 연합군이 러시아와 흑해의 크림반도에서 크림 전쟁을 벌여 승리함.

6차 러시아 · 튀르크 전쟁까지 오스만 제국이 패배한 후,
러시아의 지원을 받은 발칸반도의 ㉣(   )족 국가들이
모두 독립하며 오스만 제국의 영토가 크게 축소됨.

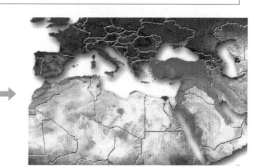

Ⓑ 서아시아와 아프리카의 근대화 운동

2. 오스만 제국과 아프리카, 이슬람 세계의 근대화 운동을 알아보자.

오스만 제국의 근대화 운동

- ㉠(   ) 운동(1839)
- 보통 교육 실시, 세금 제도 개편, 징병제 도입.
- 헌법을 제정하여 아시아 국가 최초로 입헌군주제를 시행(1876)함.
- 술탄과 보수 세력의 반발과 유럽 열강들의 방해로 개혁 실패.
- ㉡(   ) 혁명(1908)
- 술탄을 끌어내리고 헌법과 의회를 부활시킴. 산업을 적극 육성함.
- 극단적인 민족주의 정책으로 다른 민족의 반발을 삼.

이집트 및 아프리카의 근대화 운동

- 이집트의 무함마드 알리
- 무함마드 알리가 오스만 제국으로부터 독립을 쟁취하였으나, ㉢(   ) 운하의 소유권이 영국으로 넘어가며 내정 간섭이 심해짐.
- 이집트 군부가 봉기하였으나 영국 군대에 의해 진압된 뒤 영국의 식민지가 됨.
- 수단의 마흐디 운동(1881)
- 초기 이슬람 정신으로 돌아가서 외세를 몰아내자는 반외세 민족 운동.
- 운동은 실패로 돌아갔으나 수단이 근대 국가로 발전하는 기회가 됨.
- 에티오피아의 메넬리크 2세
- 메넬리크 2세가 ㉣(   )를 격파함. 이로 인해 제1차 세계 대전 무렵까지 독립을 지킬 수 있었음.

- 알제리, 리비아 등 기타 아프리카 국가들의 저항

  - 열강에 저항하며 아프리카인들의 동질감과 민족의식 성장.

이슬람 세계의 근대화 운동

- 아라비아반도의 ㉤(   ) 운동(1740)

  - 정통 칼리프 시대의 순수했던 이슬람 정신으로 돌아갈 것을 주장.

  - 와하브 운동을 후원하던 사우디 가문이 사우디아라비아를 세움.

- 이란의 입헌 혁명(1906)

  - 근대화 개혁에 실패한 ㉥(   ) 왕조가 영국 상인에게 담배 독점 판매권을
    주자, 이에 반발하여 이슬람 성직자들을 중심으로 하는 민중 봉기가 일어남.
    의회를 구성하고 입헌 군주제 헌법을 만듦.

  - 영국과 러시아가 혁명을 진압하고 이란 영토 대부분을 빼앗음.

🄱 인도와 동남아시아의 근대화 운동

3. 오스만 제국과 아프리카, 이슬람 세계의 근대화 운동을 알아보자.

인도의 민족 운동

- 배경: 무굴 제국이 점차 쇠퇴하고 영국과 프랑스의 경쟁이 심화됨.

  ㉠(   ) 전투에서 영국이 승리하며 인도 대부분을 점령함.

  ㉡(   )의 항쟁(1857~1859)

  - 영국 동인도 회사에 고용된 인도인 용병(세포이)들이 벌인 반영 민족 운동으로
    2년 동안 이어짐.

  - 영국 군대의 진압에 무굴 제국이 멸망하고, 영국령 인도 제국 수립.

- 브라모 사마지 운동
  - 인도 지식인과 종교 지도자들이 주도해 힌두교 개혁 운동을 벌임.
- 인도 국민 회의
  - 초기엔 영국의 인도 지배에 협조적이었으나 영국의 ㉢(   ) 분할령에 반발하여 반영 활동을 전개함.
  - 콜카타에서 대회를 갖고 영국 제품 불매, 국산품 애용(스와데시), 자치 획득(스와라지), 민족 교육 등 4대 강령을 채택함.
  - 영국이 벵골 분할령을 취소하고 인도의 명목상 자치를 인정하게 됨.

동남아시아의 근대화 운동

- 배경: 열강들이 원료나 향신료가 풍부한 동남아시아로 진출하며, 이에 대항하기 위한 계몽운동, 근대 개혁, 민족 운동이 벌어짐.
- 베트남
  - 프랑스의 침략에 맞선 운동을 전개함.
- 인도네시아
  - 이슬람 동맹이 주도하여 민족 운동을 전개함.
- 필리핀
  - 필리핀 연맹이 국민 계몽 운동과 함께 에스파냐로부터의 독립 투쟁을 벌임.
- ㉣(   )
  - 왕실이 주도해 근대화 개혁과 실리 외교를 펼침.
  - 영국과 프랑스의 식민지들 사이에서 독립을 유지할 수 있었음.

1. 오스만 제국의 탄지마트 운동이 실패하게 된 까닭이 무엇인지 서술해 보자.

2. 다음을 바탕으로 이집트의 수에즈 운하를 영국이 소유하게 된 과정을 서술해 보자.

• 운하 • 공사비 • 영국 • 프랑스 • 주식

3. 다음에서 설명하고 있는 운동의 이름과 그 결과를 서술해 보자.

> 18세기 이후 이슬람 세계에서는 유럽 열강에 맞서는 과정에서 민족의식이 성장하였다. 정통 칼리프 시대의 순수했던 이슬람교 정신으로 돌아가자는 운동이 많은 사람들의 공감을 얻었다.

4. 영국의 벵골 분할령 때문에 일어났던 인도의 저항 운동 내용과 결과에 대해 설명해 보자.

> • 경제 중심지   • 4대 강령   • 투쟁   • 자치 허용

01. 다음이 설명하는 사건과 관련이 <u>없는</u> 것은?

> 이슬람교가 부흥하고 유럽 열강들에 맞서려면 정통 칼리프 시대의 순수했던 이슬람 정신으로 돌아가 쿠란에 따라야 한다.

① 술탄의 종교적 권위를 바로 세워 지배력을 강화했다.

② 아랍인의 민족의식을 일깨워 아랍문화를 되살리는 데 힘썼다.

③ 현대 아랍어를 확립하는 계기가 되었다.

④ 아라비아반도의 사우드 가문에서 적극적으로 지원했다.

⑤ 이슬람 사원을 많이 지을 필요가 없다고 주장했다.

02. 다음 중 오스만 제국에서 있었던 탄지마트 운동에 대한 내용만 고른 것은?

> ㄱ. 법 앞에 이슬람교도와 비이슬람교도는 모두 평등하다.
>
> ㄴ. 아시아 최초로 근대적 입헌군주제를 시행했다.
>
> ㄷ. 모든 남성을 대상으로 징병제를 실시했다.
>
> ㄹ. 튀르크 민족주의를 불러일으켜 결속을 강화했다.

① ㄱ, ㄴ   ② ㄱ, ㄹ   ③ ㄱ, ㄴ, ㄷ   ④ ㄱ, ㄷ, ㄹ   ⑤ ㄴ, ㄷ, ㄹ

03. 다음 중 이란의 근대화 운동에 대한 설명으로 옳지 <u>않은</u> 것은?

① 러시아와 영국의 세력 다툼이 거세지며 시작되었다.

② 카자르 왕조는 근대식 학교 설립, 재정 개혁 등을 추진했다.

③ 개혁자금 마련을 위해 담배 독점판매권을 러시아에 넘겼다.

④ 이란 내 담배농사 종사자들의 피해가 막심해졌다.

⑤ 결국 담배 불매 운동으로 번져 외세 저항 운동으로 발전했다.

04. 다음 지도에 표시된 지역과 관련 <u>없는</u> 것은?

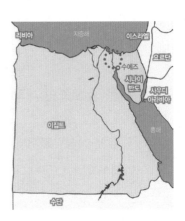

① 지중해와 홍해를 연결하는 인공수로로 중국, 인도와의 교역이 증가하게 되었다.

② 운하 건설에 막대한 자금이 필요해지자 영국, 프랑스에 빚을 지게 되었다.

③ 아라비 파샤를 중심으로 서구 열강의 내정간섭에 저항하는 운동이 일어났다.

④ 이집트 총사령관 무함마드 알리를 중심으로 한 무장세력이 서양열강에 저항했다.

⑤ 영국은 군대를 투입하여 이집트 저항 세력을 진압하고 식민지화했다.

05. 다음 설명 중 ② 국가에 대한 설명으로 옳은 것은?

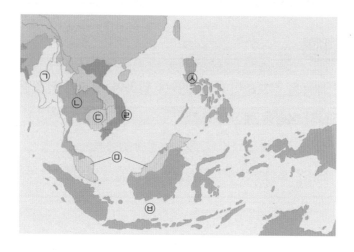

① 서구 문물을 적극적으로 받아들이고 실리 외교를 펼쳐 아시아에서 유일하게 독립을 유지할 수 있었다.

② 이슬람 동맹을 중심으로 기독교 전파를 막고 민족 산업을 육성하는 데 힘을 기울였다.

③ 판보이쩌우를 중심으로 프랑스의 침략에 맞서 동유 운동을 벌였다.

④ 호세 리날과 아기날도는 아시아 최초의 공화국을 건설했다.

⑤ 세포이 항쟁에 영향을 받아 무장 세력을 구성하여 미국에 저항 운동을 펼쳤다.

동아시아의 국민 국가 건설 운동

📖 열강을 어떻게 극복할 것인가?

책을 읽기 전에

🌐 앞에서 읽은 내용을 참고하여 다음 질문에 답하며 20세기 전후 동아시아의 중국, 일본, 조선의 상황을 예상해 보자.

- 서구 열강은 동아시아의 세 나라에 대해 어떻게 했을까?
- 중국, 일본, 조선은 동남아시아의 나라들과 다른 길을 걸었을까?

책을 읽으며

1. 19~20세기 초반 동아시아 3국의 역사를 읽으며 중요하다고 생각하는 내용에 밑줄 쳐 보자.

2. 부분별로 읽은 내용을 생각하며 빈칸을 채워 보자.

　🅑 영국은 왜 중국에 아편을 팔았을까?: 아편을 매개로 한 삼각 무역

　1) 외국과의 무역에서 부작용이 나타나자 청은 모든 항구를 폐쇄하고 (　　　　)에
　　서만 무역을 허용했다. 해외 무역 자격도 정부 특허를 받은 상인인 (　　　)에게
　　만 줬다.

　2) 공행으로부터 (　　), (　　　　), 도자기를 수입하고 청에 면직물을 수출하던 영국의
　　무역은 적자였고, 영국이 보유한 (　　)이 중국으로 흘러들어갔다.

3) 19세기부터 영국은 인도를 이용한 (   )으로 무역 적자를 만회하려 했다. 영국
   의 면직물을 (   )에 팔고, 그 돈으로 인도의 (   )을 사서 (   )에서 몰래 팔았다.

4) 청 정부는 아편 문제를 해결하기 위해 (   )를 광저우에 보내 영국 상인들
   로부터 아편을 몰수해 모두 없앴다.

🅑 치외 법권은 왜 불평등 조약일까?: 아편 전쟁의 발발과 중국의 개항

1) 청 정부가 없앤 아편을 배상하라는 영국 정부의 요구를 청 정부가 들어주지 않자
   영국 함대가 청을 침략하며 1차 (   )이 시작되었다. 전쟁이 터지고 2
   년 만에 (   )은 항복하고 (   )이 체결되었다.

2) 조약에 따라 (   )은 영국에 할양되었고, 청은 상하이를 포함해 5개 항구를 개
   항하고 공행 제도도 폐지하며 무역이 (   )되었다. 또 영국에 대해 (
)도 인정하고, 최혜국 대우도 약속하는 (   ) 조약을 맺게 되었다.

3) 중국과의 무역에서 (   )가 계속되자 영국이 더 많은 개방을 요구했지만 청은
   거절했다. 이런 상황에서 청의 관리가 밀수에 가담한 애로호의 선원들을 체포하고
   영국 (   )를 끌어내리며 (   )이 일어났다.

4) 이 사건을 핑계로 영국이 (   )와 연합군을 구성해 청을 공격하며
   (   )을 일으켰다. 미국과 러시아까지 가세하자 1년 만에 청
   은 항복했고 네 나라와 (   )을 체결했다. 청은 외국 공사의 베이징 주
   둔을 허용하고 크리스트교의 포교 활동을 보장해야 했다.

5) 청이 조약을 곧바로 시행하지 않자 다시 영국과 프랑스 연합군이 청을 침략해 추
   가로 (   )을 체결했다. 그 결과 영국은 (   )를 얻었
   고 러시아는 사건 중재 대가로 (   )를 가져갔다.

⑧ 태평천국 운동에 여성 참여자가 많았던 까닭은?: 태평천국 운동과 양무운동

1) 아편 전쟁에서 패한 중국은 영국에 막대한 (   )을 물기 위해 (   )을 크게 올렸고, 외국 상품이 들어오며 물가가 치솟자 (   )들의 고통은 커졌다.

2) 크고 작은 반란 중 눈길을 끈 것은 (   ) 운동이었다. 홍수전이 배상제회라는 종교 단체를 만들고 '(   )'을 주장하며 봉기한 후 태평천국을 건설했다.

3) 태평천국은 천조전무라는 (   )을 약속하고, 남녀차별, 신분차별도 없앴다. (   )과 같은 악습도 폐지하자 많은 여성이 운동에 동참했다.

4) 태평천국 지도부가 분열한 사이 증국번, 이홍장 등 (   )들이 지주 및 (   )들과 함께 의용군을 조직해 태평천국 운동을 진압했다. 열강의 군대가 청을 지원했고 14년 만에 태평천국 운동은 끝나고 말았다.

5) 태평천국 운동이 진행되는 동안 (   ) 중심의 근대화 운동인 (   )이 시작되었다. 이 운동은 서양의 과학 기술을 받아들여 강한 군대를 만들고 산업을 육성해 청의 (   )을 이루려 했다.

⑧ 캉유웨이는 왜 변법자강 운동을 추진했을까?: 변법자강 운동과 의화단 운동

1) 양무운동은 (   )의 제도와 문화는 그대로 유지하되 (   )의 기술과 기계만 이용한다는 뜻의 '(   )'을 주장했다.

2) 근대화 운동을 추진한 양무운동이 30년 넘게 계속되었지만 (   )에서 크게 패하자 청 정부는 운동이 실패했다는 사실을 깨달았다.

3) 청일 전쟁 이후 청은 (   )반도와 평후 제도, (   )을 일본에 **빼앗겼**
   다. 이후 러시아, 영국, 독일, 프랑스도 중국 영토를 **빼앗아**갔다.

4) 캉유웨이와 량치차오와 같은 지식인들이 일본의 (   )을 본받아
   (   )를 시행하고 제도를 개혁해야 한다고 주장했다. 황제도 이들
   을 지지하며 법과 제도를 바꿔 부국강병을 이룩한다는 뜻의 (   ) 운동
   을 실시했다.

5) (   )를 비롯한 청 정부의 보수파의 방해로 변법자강 운동은 (   )
   만에 실패로 끝났다. 열강들의 경제 침탈은 더 심해졌다.

6) 서양인들의 횡포에 산둥성 농민들은 비밀 결사를 만들고 (   )을 외치
   며 (   ) 운동을 시작하고, 베이징으로 진격해 열강의 공관을 공격했다.
   (   )가 진압 대신 열강에 선전 포고를 하자 영국을 비롯한 8개국 연합군이
   베이징을 점령했다. 청은 (   )에 서명할 수밖에 없었다.

Ⓑ **위안스카이가 청 왕조를 멸망시킨 이유는?: 신해혁명과 중화민국의 수립**

1) 청의 지식인들이 민족 지도자 (   )을 중심으로 혁명을 일으켜 청 왕조를 끌어
   내리고 새로운 (   )를 세우기로 했다.

2) 청일 전쟁이 터질 무렵 쑨원은 흥중회라는 혁명 단체를 만들고 (   )에서
   봉기했다 실패했다. 쑨원은 영국, 미국 등을 돌아다니다 일본 도쿄로 가서 혁명 세
   력을 끌어 모아 (   )를 만들었다.

3) 중국 동맹회는 쑨원이 주장한 (   )를 혁명 이념으로 삼았다. 삼민주의는 민
   족주의, 민권주의, 민생주의를 가리키는데 (   )의 이념을 계승한 것이다.

4) 민중들의 성금으로 건설하려던 (   )가 국유화되자 민중들이 폭동을 일으켰다. 혁명 세력이 (   )에서 무장 봉기를 하고 다른 성의 혁명 세력들도 동참해 청 왕조로부터 독립한다고 선언하며 (   )을 일으켰다.

5) (   )은 임시 대총통으로 추대받고 (   )의 수립을 선포했다. 청 왕조가 혁명 세력 진압을 위해 위임한 (   )는 쑨원의 제안을 받아들여 청 왕조를 멸망시켰다.

6) 위안스카이는 중화민국의 초대 총통에 오른 후 (   )을 탄압했다. 쑨원이 이에 맞서 (   )을 결성했지만 탄압이 심해지자 해외로 망명했다. 중국에 대한 열강의 침탈은 심해지고 군벌들의 세력 다툼에 무정부 상태가 이어졌다.

Ⓑ▶ 일본인들이 돈가스를 먹기 시작한 이유는?: 일본의 개항과 메이지 유신

1) 미국의 (   )은 함선을 이끌고 일본으로 가 개항과 통상을 요구하며 시위를 벌였다. 이듬해 일본은 개항하고 미 · 일 (   )을 체결하고 4년 후 자유로운 무역을 허용하는 미 · 일 (   )도 체결했다.

2) 조약은 일본이 항구를 개항하고 (   )의 치외 법권과 최혜국 대우도 인정하는 (   )한 조약이었다. 이어 영국, 네덜란드, 러시아, 프랑스가 일본에 진출하고 일본 경제는 큰 타격을 받았다.

3) 다이묘와 무사들은 에도 막부가 외교를 잘 못했다며 왕을 받들고 외세를 반대한다는 뜻의 (   ) 운동을 벌였다. 지방의 무사들은 왕을 중심으로 새로운 정부를 만들자며 (   ) 운동을 벌였다. 결국 에도 막부가 무너졌다.

4) 메이지 왕과 정부는 (   )에 돌입했다. 봉건제와 (   )를 폐지하고, 상공업을 육성하고 서양 문물을 받아들였다. 근대 교육도 시행하고 징병 제도 도입했다.

5) 메이지 정부는 중체서용을 주장하며 서양의 제도를 받아들이지 않았던 (　　　)
과 달리 적극적으로 (　　　　　　)을 도입하고 (　　　　　)을 서양에 보내 선
진 문물과 제도를 배워오게 했다.

6) 일본은 서양의 제도와 기술을 받아들이면서도 (　　　　　　)와 관련된 제도는
거의 받아들이지 않고 (　　　)에 비판적인 지식인들을 탄압했다. (　) 중심의 헌
법을 만들고 국민의 기본권을 제한했다.

❷ 일본은 왜 운요호 사건을 일으켰을까?: 일본의 조선 침략과 청일 전쟁

1) 메이지 유신을 마무리한 일본은 대외 (　　　　　　　)을 추진했다. 북쪽의 홋카
이도를 침략하고 남쪽의 류큐 왕국을 일본 영토로 만들었다.

2) 군함 (　　　　)를 보내 조선 (　　　　　)에 불법 침입하고 이듬해 조선과 조약
을 체결했다.

3) 조선에서 동학 농민 운동이 일어났을 때 청이 군대를 파견하자 일본도 청과 체결한
톈진 조약에 따라 (　　　)를 파견했다. 1894년 청을 공격하며 시작한 청일 전쟁에
서 (　)이 항복하고 두 나라는 (　　　　　　　　　)을 체결했다. 일본은 청에
막대한 배상금을 요구하고 (　　　　)반도와 (　　　　), 펑후 제도를 빼앗았다.

4) 청일 전쟁 결과 (　　　)은 침몰하고 일본이 동아시아의 절대 강자로 떠올랐다.
영국에서 시작한 산업 혁명은 일본에 전파되어 (　　　　　)이 활기를 띠다 (
　), 군수 산업으로 빠르게 발전했다.

❷ 일본이 러시아와 전쟁을 벌인 까닭은?: 일본의 제국주의적 침략과 러일 전쟁

1) (　　　　), 프랑스, 독일 등 세 나라가 청과 일본의 시모노세키 조약의 문제점을
지적하며 일본을 위협했다. (　　　　　　)에 일본은 랴오둥반도를 청에 돌려줬다.

2) 러시아가 랴오둥반도를 차지하고 (   ) 정부와도 가까이 지내며 팽창 정책을 펼치자 일본은 영국과 (   )을 체결하고 미국의 지지도 받아냈다. 일본 함대가 뤼순항을 습격하면서 (   )이 일어났다.

3) 1년 넘게 전쟁이 계속되자 (   )의 중재에 일본과 러시아가 미국 (   )에서 강화 조약을 체결했다. 사실상 러시아의 패배였다. 일본은 러시아가 중국에서 얻었던 이권들을 대부분 **빼앗**았고 랴오둥반도를 넘겨받았다. (   ) 을 배상금 대신 넘겨받고 한반도에서 우월권을 인정받았다.

4) 일본은 한국 정부를 협박해 (   )을 체결해 한국 정부의 외교권을 **빼앗**고 1910년에는 한국을 끝내 (   )로 만들었다.

🅑 조선이 근대화 운동을 위해 설립한 기구는?: 조선의 근대화 운동 및 국민 국가 건설 운동

1) 개항 전까지 청이나 일본과 마찬가지로 통상 요구를 받아들이지 않던 조선은 일본과 (   )을 체결하며 부산, 인천, 원산 등 세 항구를 열고 (   )에 문호를 개방했다.

2) 개화파는 개화 정책을 총괄하는 관청인 (   )을 만들고 신식 군대인 (   )을 만들고 인쇄, 화폐 제조 등을 담당하는 근대 시설도 만들었다. 정부는 일본과 청, 미국 등에 (   )도 파견했다.

3) 개화 정책에서 소외된 구식 군대와 도시 빈민을 중심으로 개화 정책에 대한 반발이 커지면서 (   )이 일어났다. 정부가 청에 군대 파병을 요청했고, 군대가 한반도에 파견돼 진압한 뒤 청의 (   )이 심해졌다.

4) 급진 개화파는 청의 간섭으로부터 자유로운 국민 국가를 건설하자며 (   )을 일으켰지만 (   ) 만에 끝났다.

5) 조선은 (   ) 이후 청과 일본과 같은 상황을 겪으며 세상살이가 힘든 농민들이 정치 개혁과 일본 배척을 내걸고 (   ) 운동을 일으켰다.

6) 동학 농민 운동을 핑계로 일으킨 (   )에서 승리한 일본은 조선의 지배를 수월하게 하려고 (   )을 강요하고 반발하는 (   )를 시해하는 을미사변을 일으켰다.

7) 러시아 공사관으로 거처를 옮긴 고종의 (   )에 독립 협회가 고종의 환궁을 강력하게 요구했다. 궁으로 돌아온 고종은 (   )의 수립을 선포하고 황제에 즉위해 (   )을 시행했다.

8) 독립협회는 만민 공동회를 여는 등 (   ) 운동을 활발히 벌였지만 보수 관료들의 모함에 강제 (   )되었다.

9) (   )년 대한 제국은 일본에 강제 (   )되었다.

3. 15장을 내용을 통해 20세기 전후 중국, 일본, 조선의 상황을 간단히 정리해 보자.

🌏 15장 내용을 한눈에 정리해 보자.

🅑 청의 개항

1. 빈칸을 채우며 아편 전쟁과 청의 개항 과정을 정리해 보자.

배경	• 내부: 국내 정치 혼란. 인구 급증과 토지 부족 문제. • 외부: 해외 무역을 제한하였으나 열강들이 집요하게 무역을 요구함. 특히 영국과 청의 무역에서 적자가 심해지자 영국은 ㉠( )의 아편을 사들여 청에 몰래 수출하며 삼각 무역을 실시함.

1차 아편 전쟁 (1840~1842)	• 청 정부가 관리 임칙서를 파견하여 영국 상인으로부터 아편을 몰수하자 영국은 청 정부에 아편을 배상하라고 요구함. 이를 계기로 1차 아편 전쟁이 일어남. • 전쟁에서 승리한 영국은 <u>상하이를 포함한 5개의 항구 개항과 홍콩 할양</u>, <u>치외법권 허용, 최혜국 대우</u> 등의 내용을 담은 ㉡( ) **조약**을 체결함.

2차 아편 전쟁 (1856~1860)	• 영국이 아편 밀수를 이어가던 중 ㉢( ) 사건이 일어남. • 2차 아편 전쟁에 프랑스, 미국, 러시아까지 가세하여 청의 항복을 받아냄. • <u>크리스트교의 포교의 허용하고, 10개 항구를 추가로 개항하는 **톈진 조약**, 톈진 조약의 빠른 시행을 요구하는</u> ㉣( ) **조약**을 추가로 체결함. • 베이징 조약에 따라 영국은 주룽반도를 얻었고, 러시아는 사건을 중재해 주었다는 대가로 연해주를 가져감.

🅑 중국의 근대화 노력

2. 중국의 근대화 개혁 운동을 시대순으로 정리하고, 개혁의 주요 내용에 해당하는 한자어를 〈보기〉에서 찾아 [   ] 부분에 써 보자..

㉠( ) 운동 (1851~1864)	• 배상제회라는 종교단체의 수장 홍수전이 만주족을 몰아내자며 [ ]을 내걸고 봉기함. • 토지 개혁을 약속하고, 남녀 차별과 신분 차별 철폐를 외쳐 많은 농민과 여성의 지지를 받음. • 지도부의 내부 분열, 지방 관료들과 열강의 군대까지 개입하며 실패.

ⓛ( )운동 (1861~1894)	• 지방의 한인 지식인들이 주도한 근대화 운동. • 중국의 제도와 문화는 그대로 유지한 채 서양의 기술을 받아들여 강한 군대를 만들고 산업을 육성하자는 [ ]을 주장. • 청일 전쟁에서 패하며 성과 없는 개혁이 됨.
ⓒ( ) 운동 (1898)	• 법과 제도를 바꾸는 과감한 개혁을 추진. • 캉유웨이와 량치차오가 일본의 메이지 유신을 본받아 입헌군주제 도입과 제도 개혁을 주장. • 근대 교육 실시, 상공업 육성, 신식 군대 양성. • 서태후와 보수파의 반대로 실패.
② ( ) 운동 (1899~1901)	• 서양인들의 횡포에 맞서 농민들이 [ ]을 외치며 서양 선교사와 교회, 열강의 공관 공격. • 열강의 연합군에 의해 의화단이 진압당하고, 청 정부는 베이징에 열강의 군대를 주둔시킨다는 내용을 담은 신축 조약에 서명하게 됨.
⑩( )혁명 (1911)	• 청 정부가 세금을 올리고 민간 철도까지 국유화하려 하자, 민중들의 무장 봉기가 일어남. • 청이 멸망하고, 중화민국이 수립됨.(1912) • 삼민주의를 외치며 혁명을 주도했던 쑨원 대신 초대 총통이 된 위안스카이가 혁명 세력을 탄압하기 시작하며 다시금 중국이 혼란에 휩싸임.

─── 보기 ───

부청멸양, 멸만흥한, 중체서용

🅑 메이지 유신과 일본의 근대화

3. 빈칸을 채우며 일본의 근대화 과정과 대외 팽창 정책을 정리해 보자.

일본의 개항	• 미국의 페리 함대가 개항과 통상을 요구함. • 미 · 일 화친 조약(1854)과 ㉠( )(1858)을 체결하며 최혜국 대우와 치외 법권을 인정함. • 서양 열강의 진출로 물가가 치솟고 백성들의 고통이 커짐.

일본의 근대화 운동	• 일왕(천황)과 다이묘(영주)를 중심으로 존왕양이 운동을 벌여 에도 막부를 타도하고 왕을 앞세운 새로운 정부를 세움. • 부국강병을 목표로 ㉡( )(1868)을 추진하여 신분제 폐지, 산업화, 근대 교육 실시, 징병제 도입 등 대대적인 개혁에 돌입함. • 이와쿠라 사절단 등 유학생과 사절단을 파견하여 서양의 선진문물과 제도를 적극적으로 수용함. • 왕 중심의 헌법을 제정하고 입헌군주제를 시행. 국민의 기본권은 모두 제한됨.

일본의 대외 팽창 정책	• 북쪽의 홋카이도와 남쪽 류큐 왕국(오키나와) 침략. • 대륙 진출을 위해 조선을 노림. – **운요호 사건**(1875): 운요호 사건을 빌미로 강화도 조약을 체결함. – **청일 전쟁**(1894~1895): ㉢( )을 빌미로 조선에 대한 영향력을 행사하려던 두 나라 사이에 전쟁 발발 → 일본 승리 → 타이완과 랴오둥 반도의 할양을 약속하는 시모노세키 조약 체결. – **삼국 간섭**(1895): 러시아, 프랑스, 독일이 시모노세키 조약에 반대하며 랴오둥반도를 청에 돌려주라고 요구 → 이후 ㉣( )가 랴오둥반도를 차지하고 만주와 한반도에서 영향력 행사하기 시작함. – **러일 전쟁**(1904~1905): 영국과 미국의 지지를 받은 일본이 러시아를 선제 공격 → 일본 승리 → 포츠머스 조약 체결 → 대한제국과 을사조약을 맺고 외교권 박탈 → 이후 한국을 식민지로 삼음.

4. 조선의 근대화 시기 대표적인 사건에 대한 설명을 〈보기〉에서 찾아 빈칸에 알맞은 숫자를 써 보자.

배경	• 1866년에는 프랑스가, 1871년에는 미국이 통상을 요구하며 조선을 침략함. • 1875년 운요호 사건을 계기로 일본과 불평등 조약인 강화도 조약을 체결하였고, 강제 개항을 한 이후 본격적인 근대화 운동이 시작됨.
조선의 근대화 시기 대표적 사건	• 강화도 조약(1876) – 강제 개항 이후 개화파가 통리기무아문을 설치하여 신식 군대인 별기군을 만듦. • ㉠ 임오군란(1882) ( ) – 정부가 청의 도움을 받아 임오군란을 진압한 이후 청의 내정 간섭이 심해짐. • ㉡ 갑신정변(1884) ( ) – 삼일천하로 끝남. • 동학 농민 운동(1876) – 동학 농민 운동을 핑계로 일본이 청일 전쟁을 일으킴. • ㉢ 갑오개혁(1894) ( ) • ㉣ 을미사변(1895) ( ) • ㉤ 아관 파천(1896) ( ) – 독립 협회가 고종의 환궁을 강력하게 요구함. • 대한 제국 수립(1897) – 고종이 황제로 즉위하고 광무개혁을 실시함. 민중 계몽 운동을 벌이는 독립 협회를 보수 관료들이 모함하여 강제로 해산시킴. • 한일 병합 조약(1910) – 국권 피탈과 함께 본격적인 일본의 식민 지배가 시작됨.

┤ 보기 ├

① 신식 군대와의 차별에 반발하여 구식 군대가 일으킨 병란.

② 고종이 러시아 공사관으로 거처를 옮김.

③ 일본이 명성황후를 시해함.

④ 급진 개화파가 자유 국민 국가 건설을 외치며 일어남.

⑤ 수월한 식민 지배를 위해 일본이 강요한 개혁 운동.

1. 1차 아편 전쟁의 결과 맺어진 조약의 이름을 밝히고, 그 조약의 내용이 무엇인지 다음 어휘를 사용하여 구체적으로 서술해 보자.

> 홍콩, 개항, 치외 법권, 최혜국

2. 태평천국 운동과 의화단 운동의 공통점과 차이점을 서술해 보자.

3. 청 정부의 철도 국유화 선언은 신해혁명의 도화선이 되었다. 당시 청 정부가 철도를 국유화하려고 했던 까닭을 서술해 보자.

4. 청 말기 근대화 운동을 이끌었던 인물 가운데 가장 인상적인 사람을 〈보기〉에서 고르고, 그 사람의 업적과 인상 깊은 까닭을 함께 써 보자.

┤ 보기 ├

홍수전 / 증국번·이홍장 / 캉유웨이·량치차오 / 쑨원

5. 일본이 미국과 조약을 맺고 개항을 한 이후 일본의 국내 상황이 어떻게 달라졌는지 서술해 보자.

6. 밑줄 친 새로운 정부가 추진했던 정책을 두 가지 이상 나열하고, 정책의 결과가 어떠했는지 서술해 보자.

> 일본의 무사들은 에도 막부를 타도하고 천황을 앞세워서 <u>새로운 정부</u>를 수립하였다.

7. 다음 어휘를 활용하여 러일 전쟁의 원인과 결과를 서술해 보자.

> 만주, 한반도, 미국, 포츠머스 조약

8. 다음은 일본이 근대화 과정에서 다른 나라와 체결한 조약들을 나열한 것이다. 이 가운데 성격이 비슷하다고 생각하는 조약 두 개를 자유롭게 고르고, 그 까닭을 서술해 보자.

> 미일 화친 조약, 미일 수호 통상 조약, 강화도 조약, 시모노세키 조약,
>
> 포츠머스 조약, 을사조약

조약: [   ], [   ]

까닭:

9. 조선의 근대화 운동 가운데 위로부터의 개혁과 아래로부터의 개혁을 대표하는 사건을 하나씩 골라 다음 표를 완성해 보자.

위(지배계층)로부터의 개혁	아래(피지배계층)로부터의 개혁
사건:	사건:
내용:	내용:

01. 다음 상황이 낳은 직접적인 결과로 옳은 것만 〈보기〉에서 고른 것은?

> 청에서 구입한 차, 비단, 도자기 등은 영국에서 엄청난 인기를 끌었으나, 영국의 면직물은 청에서 거의 팔리지 않았다. 이로 인해 막대한 양의 은이 중국으로 흘러 들어갔다.

┤ 보기 ├

ㄱ. 광저우 외에 10개 항을 추가로 개항했다.

ㄴ. 홍콩을 영국에 할양했다.

ㄷ. 임칙서를 파견해 아편을 몰수했다.

ㄹ. 베이징에 서양 열강의 군대가 주둔했다.

ㅁ. 베이징에 외국 공사가 상주했다.

① ㄱ, ㄴ, ㄷ   ② ㄴ, ㄷ   ③ ㄴ, ㄹ, ㅁ   ④ ㄴ, ㄷ, ㄹ   ⑤ ㄷ, ㄹ, ㅁ

02. 다음 중 중국의 근대화 운동에 대한 설명으로 옳지 않은 것은?

① 태평천국 운동 - 신분제 폐지, 남녀평등, 토지 균등 분배 주장

② 변법자강 운동 - 서양의 과학기술 도입, 군수산업 육성 주장

③ 양무 운동 - 서양 무기와 군함 제조, 산업 시설 건설

④ 신해혁명 - 중국 동맹회가 주도해 중국 최초의 공화국 건설

⑤ 의화단 운동 - 부청멸양 주장. 교회, 철도, 전신 등 서양 시설 공격

03. 다음 빈칸에 들어갈 내용이 옳게 연결된 것은?

나는 유럽과 구미의 발전이 3대 주의에 의해 이루어졌다고 생각한다. 〈중략〉 로마가 멸망하고 나서 (㉠)이/가 일어나고 구미가 독립하였다. 하지만 얼마 뒤에 그 나라들도 제국이 되어 전제 정치를 행하자, 피지배자는 그 고통을 참을 수 없게 되었다. 그리하여 (㉡)이/가 일어났다. 18세기 말에서 19세기 초에 걸쳐 전제 군주제가 무너지고 입헌 국가가 세워졌다. 세계는 문명화되어 지식은 더욱 진보하고 물질이 점점 풍부해져, 최근 백 년간은 지나간 천 년보다 더 발달하였다. 이제는 경제 문제가 정치 문제에 이어 일어나 (㉢)이/가 유행하고 있다. 20세기는 민생주의 시대일 수밖에 없다. 이 3대 주의는 모두 인민에게 기본적인 것이다.
……

	㉠	㉡	㉢
①	제국주의	민족주의	민생주의
②	민생주의	민족주의	민주주의
③	제국주의	민권주의	자본주의
④	민족주의	민생주의	민족주의
⑤	민족주의	민권주의	민생주의

04. 다음에서 설명하는 인물이 한 일이 <u>아닌</u> 것은?

청 왕조는 (　　　)에게 우창에서 무장봉기한 백성들을 진압하라며 군대를 출동시켰다.

① 혁명 세력과 타협하여 청 황제를 끌어내렸다.
② 중화민국의 초대 총통에 올랐다.
③ 국민당을 결성해 권력에 맞섰다.
④ 황제 제도를 부활시키려 했다.
⑤ 권력을 잡은 지 3년 만에 사망했다.

05. 다음 사건과 그로 인한 결과를 알맞게 연결하시오.

1차 아편 전쟁 •	• 신축 조약 •	• 공행제도 폐지
2차 아편 전쟁 •	• 난징 조약 •	• 외국 군대 주둔
의화단 운동 •	• 톈진·베이징 조약 •	• 자유로운 포교 활동 보장

06. 아래 설명하는 사건에서 일어난 것으로 볼 수 <u>없는</u> 것은?

> 막부 체제가 끝나고 일왕을 중심으로 새로운 정부가 들어서며 근대화를 추진했다.

① 왕을 중심으로 한 강력한 중앙집권국가를 세우려 했다.

② 신분제를 폐지하여 일부 귀족을 제외한 모든 신분이 평등해졌다.

③ 의무교육, 징병제, 민주주의 등이 모두 이 시기에 도입되었다.

④ 유학생과 관료를 서양에 파견해 선진 문물을 배워오게 했다.

⑤ 국민에게 참정권을 주고, 국회를 열어야 한다는 주장을 탄압했다.

07. 다음 사건들을 일어난 순서대로 배열하시오.

> 미·일 수호 통상 조약   러일 전쟁   청일 전쟁
>
> 시모노세키 조약   포츠머스 조약   삼국간섭   을사늑약

08. 일본이 오른쪽 지도에 표시된 섬을 얻게
된 사건에 대한 설명으로 옳은 것은?

① 시모노세키 조약으로 러시아로부터 얻었다.

② 일본이 미국과 손잡고 러시아를 견제한 끝에 얻
어내었다.

③ 러시아 내부에서 계속된 파업과 반정부 시위로
전쟁에 전념할 수 없었다.

④ 청나라로부터 일본이 얻었다가 다시 러시아에
게 빼앗긴 곳이다.

⑤ 현재도 러시아와 영토 분쟁이 끊이지 않고 있는 곳이다.

세계 대전과
사회 변동

: 야만과 반인륜의 시대를 넘다

세계 대전과 국제 질서의 변화 1
(제1차 세계 대전)

📖 인류 역사상 최악의 전쟁 시대

책을 읽기 전에

🌐 다음 용어와 뜻을 연결하며 16장의 전반부에서 다루는 제1차 세계 대전과 관련된 용어를 익혀 보자.

① 팽창 정책 •

• 양쪽 병사들이 도랑처럼 생긴 참호를 파고 그 안에서 싸우는 전투

② 참호전 •

• 자본주의의 모순을 해소하고 생산 수단을 사회적으로 공유하여 모든 사람이 평등한 사회를 실현하려는 사상 및 운동

③ 국제 연맹 •

• 국가나 공공 단체, 지방 자치 단체가 위임받은 행정 업무를 수행할 수 있는 권리

④ 사회주의 •

• 다른 나라를 지배하여 영토 또는 세력을 확장하거나 상품 시장을 넓히려는 운동이나 정책

⑤ 자치권 •

• 제1차 세계 대전 후 국제 평화 유지와 협력을 목적으로 설립된 최초의 국제 평화 기구

책을 읽으며

1. 제1차 세계 대전의 배경부터 전개 과정, 결과까지 관련 역사를 읽으며 중요하다고 생각하는 내용에 밑줄 쳐 보자.

2. 부분별로 읽은 내용을 생각하며 빈칸을 채워 보자.

⑱ 사라예보 청년은 왜 오스트리아 황태자를 저격했는가?: 제1차 세계 대전의 발발

1) 1882년 독일은 열강들의 견제를 피해 (   ),
   (   )와 3국 동맹을 체결했다. 영국과 프랑스는 (   )를 끌어들
   여 3국 협상을 맺었다.

2) (   )반도에서는 오스만 제국으로부터 독립한 슬라브족이 여러 나라를 세웠
   다. (   )는 범슬라브주의를 외치며 슬라브족을 통일하려 했다.

3) 오스트리아-헝가리 제국이 범게르만주의를 외쳤고, 1908년 (   ) 국가
   인 보스니아 헤르체고비나를 합병했다.

4) (   )의 과격파들이 보스니아의 수도 사라예보를 방문한 오스트리아-
   헝가리 제국의 황태자 부부를 암살하는 (   )을 저질렀다.

5) 오스트리아-헝가리는 세르비아에 전쟁을 선포하고 세르비아는 (   )에 도
   움을 요청했다. 그러자 오스트리아-헝가리 제국의 동맹국인 (   )이 돕겠다고
   나섰고, (   )와 (   )은 러시아를 지원하기로 했다. 한 달여 만에 유럽
   의 모든 열강이 참전하는 세계 대전이 시작되었다.

⑱ 영국 여객선의 침몰에 미국이 격분한 까닭은?: 제1차 세계 대전의 전개와 종결

1) 독일은 벨기에를 정복한 뒤 프랑스로 향했지만 (   )이 돕고 (   )가 진
   격하면서 전쟁은 (   )으로 돌입했다. 양쪽 병사들이 참호를 파고 그 안에
   서 싸우는 (   )이 계속되자 희생자만 늘어갔다.

2) 바다에서는 영국이 해상을 (   )하자 독일이 잠수함을 투입해 닥치는 대로 공격
   하는 '(   )'을 펼쳤다. 이 공격으로 (   )이 참전을 선언했다.

3) (   )는 전쟁에서 손을 뗐지만 미국의 합류로 (   )의 전력이 보강되어 1918년부터 독일과 동맹국들을 몰아붙여 거의 모든 전투에서 승리를 거두었다.

4) 불가리아, (   ), 오스트리아-헝가리가 항복하고, 혁명으로 공화국을 수립한 (   ) 정부도 1918년 11월 항복을 선언하며 제1차 세계 대전은 끝났다.

5) 제1차 세계 대전은 참전한 국가의 모든 국민이 동원된 (   )이었고, 탱크, 전투기, 잠수함, 독가스 등 (   )가 이때 등장했다.

🅑 한국에 민족 자결주의가 적용되지 않은 까닭은?: 베르사유 체제와 제1차 세계 대전 이후의 변화

1) 전쟁 이후 국제 질서를 논의하기 위해 연합국 27개국 대표가 프랑스 파리에 모여 (   )를 개최했다. 회의에서 미국 (   ) 대통령이 제시한 14개조 평화 원칙이 채택되었다.

2) 14개조 원칙에는 여러 국가가 참여해 (   )을 창설하자는 제안과 모든 민족이 자유롭게 자기 민족의 미래를 결정하고 스스로 독립 국가를 건설할 수 있어야 한다는 (   )가 포함되었다.

3) 연합국은 독일과 (   )을 체결했다. 이 조약에 따라 만들어진 국제 질서를 베르사유 체제라고 했다. 조약은 승전국에 유리하고 (   )에 상당히 불리했다.

4) 조약에 따라 (   )은 영토의 13%, 인구의 10% 정도를 잃고, (   ) 보유도 제한되었다. 잠수함, 전투기 등 신무기는 갖지 못하게 되었다.

5) 연합국과 강화 조약을 체결한 오스트리아-헝가리는 오스트리아와 헝가리로 쪼개졌고 일부 지역을 잃었다. 이 과정에서 (   )가 독립했다. 세르비아

는 보스니아, 크로아티아 등을 빼앗아 (   )를 건국했고, 불가리아는 유지되었다. (   )에 속한 여러 민족이 민족 자결주의에 따라 독립을 얻었다.

6) 오스만 제국은 영토 대부분을 잃고 (   )으로 새로 출발했다. (   )도 120여 년 만에 독립했고, 러시아의 지배를 받던 발트 3국, 북유럽 의 핀란드도 독립했다.

7) 연합국들은 국제 분쟁을 평화적으로 해결하기 위해 국제기구인 (   )을 만들었다. 하지만 (   )이 빠지고 소속된 (   )도 없어 제 역할을 하지 못했다. 여러 나라가 모여 결코 전쟁을 치르지 않겠다고 선언하는 (   )을 선언했다.

Ⓑ 소비에트와 의회가 다른 점은 무엇일까?: 러시아 혁명의 배경과 2월 혁명

1) 러시아는 19세기까지 황제(차르)가 전제 정치를 하며 (   ) 중심의 경제에서 벗어나지 못했다. 20세기가 되자 일부 지식인들이 (   ) 사상을 받아들 여 전파했다. 대표적인 사회주의자는 (   )이었다.

2) (   ) 전쟁이 터지고 민중들의 생활이 더 어려워졌다. 자유주의자와 노동 자들이 정부의 개혁을 요구하며 수도인 상트페테르부르크에서 벌인 평화적 시위 에 군대가 발포해 수백 명이 죽거나 다치는 (   )사건이 벌어졌다.

3) 국민의 저항이 거세지자 황제 (   )는 의회를 설치하고 (   )을 확대하겠다고 선언했지만 약속은 지켜지지 않았다. 그즈음 제1차 세계 대전이 터지자 니콜라이 2세는 모든 개혁을 (   )했다.

4) 경제는 엉망이 되고 전쟁터에 나간 젊은이들이 희생되자 민중들이 반발했다. (   )들이 들고 일어나 식량 배급과 전쟁 중단을 요구하며 (   )을 벌였

다. 전쟁터에서 돌아온 군인에 정부 군대까지 동참하자 니콜라이 2세는 항복하며 ( )이 무너졌다.

5) 승리한 노동자와 군인들이 대표자 회의인 ( )를 구성해 임시 정부를 세웠다. 이것이 ( )이다.

ⓑ 소련이 신경제 정책을 추진한 까닭은?: 10월 혁명과 사회주의 국가의 탄생

1) 소련의 사회주의자 두 파벌 중 다수파인 ( )를 이끄는 지도자가 된 ( )은 대중을 상대로 선전 활동에 나섰다. 지지하는 민중이 늘자 레닌과 볼셰비키가 ( )을 일으켰다.

2) 레닌이 ( )를 세운 뒤 의회를 해산하고 ( ) 독재를 선언했다. 이로써 세계 최초로 사회주의 국가가 탄생했다. 레닌은 모스크바에 국제 공산당 연합 조직인 ( )을 만들고 전 세계의 반제국주의 투쟁을 지원하자 전 세계에 ( ) 정당이 만들어졌다.

3) 레닌은 독일과 평화 조약을 체결하고 ( )에서 손을 뗐다. 사회주의 개혁을 시작하며 산업 시설을 모두 ( )하고 민중에게는 생활필수품과 집을 ( )했다.

4) 생산량이 추락하고 경제난이 시작되자 레닌은 ( ) 요소를 일부 받아들이는 ( )을 시행했다. 소규모의 장사를 허용하고 경제 규제를 줄였지만 경제 사정이 크게 개선되지는 않았다.

5) 여러 지역에서 소비에트 정부에 대한 ( )이 이어졌다. 레닌은 군대를 동원해 모든 세력을 진압하고 각각의 영토에 소비에트 정부를 세우도록 하고 각 정부를 모아 ( )을 결성했다.

6) 레닌의 뒤를 이은 (   )은 반대 세력을 제거하고 (   )를 했다. 농민은 (   )에 집어넣고, 산업은 (   ) 중심으로만 발전시켰다. 이때부터 소련에서는 국민의 자유가 제한되고 공산당 독재 체제가 극도로 강화되었다.

🅑 간디가 물레를 돌려 옷을 만들어 입은 까닭은?: 중국과 인도의 민족 운동

1) 파리 강화 조약에서 채택한 민족 자결주의는 (   )의 식민지에만 적용되었지만, (   )·(   ) 식민지 여러 나라에서 독립운동과 민족 운동이 활발하게 전개되었다.

2) 우리나라는 민족 자결주의 영향을 받아 (   )이 일어났다. 운동은 실패했지만 중국 상하이에 (   )가 들어섰다.

3) 중국에서는 신해혁명 이후 들어선 (   ) 정부가 역할을 못 하자 지식인들이 중국 사회를 개혁하겠다며 (   ) 운동을 추진했다.

4) 일본은 제1차 세계 대전에 (   )의 일원으로 참전해 독일에 선전 포고를 하면서 독일이 중국으로부터 빼앗은 이권을 차지하는 (   )라는 문서를 중국 정부에 주었다. 파리 강화 회의에서 중국 내 독일의 이권을 넘기라는 결론이 나자 중국 민중들이 강하게 반발하며 일본과 일본에 협력하는 군벌에 반대하는 (   )이 일어났다.

5) 5·4 운동에 뜻을 같이한 쑨원의 (   )과 (   )이 힘을 합쳐 국민 혁명을 이루기로 하는 (   )이 이루어졌다. 합작은 (   )의 뒤를 이은 장제스가 공산당을 제거하며 갈라섰고, 장제스는 1928년 국민당만으로 통일 정부를 세웠다.

6) 인도는 제1차 세계 대전에 참전하면 (   )을 주겠다는 영국의 약속을 믿고 참전했다. 하지만 영국은 약속을 지키지 않았고 (   )가 인도 국민 회의를 이끌고 저항 운동을 시작했다. 저항은 하면서도 절대 폭력을 쓰지 않는 (   )·(   ) 운동이었다.

7) 간디의 뒤를 이은 (   )는 간디와 달리 (   )을 벌여 1935년 인도 각 주의 자치권을 얻어내는 데 성공했다.

⑬ 이집트의 독립을 왜 조건부 독립이라고 부를까?: 동남·서아시아와 아프리카의 민족 운동

1) 동남아시아의 베트남은 독립을 약속받고 제1차 세계 대전에서 프랑스를 도왔지만 약속이 지켜지지 않자 (   )이 베트남 (   )을 결성해 프랑스에 맞섰다.

2) 네덜란드의 식민지였던 (   )에서는 (   )가 인도네시아 국민당을 이끌며 이슬람 동맹과 함께 독립운동을 벌였다.

3) 미국의 지배를 받던 (   )은 독립운동을 벌여 미국 의회에서 독립을 승인 받았다. 동남아시아에서 유일하게 식민지가 되지 않았던 (   )는 입헌군주제 를 도입하고 국명을 (   )에서 타이로 바꾸었다.

4) 서아시아의 (   )은 패전국이 되어 많은 영토를 잃고 정치적으로 도 어수선해졌다. 이때 (   )이 혁명을 일으켰다.

5) 케말은 (   )를 폐지하고 자신이 대통령으로 오르며 공화국으로 바꾸고 나라 이름을 (   )라고 했다. 대대적인 개혁을 시작하고 여성에게도 (   )을 주었다.

6) 오스만 제국 영토였던 지역의 (   )들은 독립시켜주겠다는 영국과 프랑스의 약속을 믿고 연합국을 위해 싸웠지만 약속은 지켜지지 않았다. 이후 민족 운동을 통해 (   ), 요르단, (   ), 레바논, 시리아 등이 독립은 했지만 영국과 프랑스의 위임 통치를 받았다.

7) 아프리카에서는 독일의 식민지가 다른 열강에 넘어간 것을 빼고 크게 달라지지 않았다. 영국의 지배를 받던 (   )는 와프드당을 중심으로 (   ) 운동을 벌여 (   )의 관리와 영국 군대의 주둔을 받아들이며 조건부 독립을 얻어냈다.

8) 아프리카 민족 지도자들은 아프리카의 단합과 통일을 논의하기 위해 프랑스 파리에서 (   )를 열었다.

3. 16-1장을 통해 읽은 '제1차 세계 대전'을 한 문장으로 정의해 보자.

🌍 16장 내용 가운데 제1차 세계 대전과 관련된 부분을 한눈에 정리해 보자.

Ⓑ 제1차 세계 대전

1. 빈칸을 채우며 제1차 세계 대전의 전개 과정과 그 결과를 정리해 보자.

당시 세계정세

• 제국주의 열강들의 식민지 확보 경쟁 과열.

3국 동맹		3국 연합
㉠( ), 오스트리아-헝가리 제국, 이탈리아	VS.	영국, 프랑스, ㉡( )

• 유럽의 화약고라고 불리던 ㉢(   )반도에서 범게르만주의와 범슬라브주의가 충돌함.

제1차 세계 대전(1914~1918)

• ㉣(   ) 사건을 계기로 오스트리아-헝가리 제국이 세르비아에 전쟁 선포.

• 동맹국과 연합국의 참전으로 전쟁 확대.

```
독일의 벨기에 침공.
```
↓

| 육지에서는 참호전이 벌어지며 전쟁이 장기화됨. | 해상에서는 독일의 무제한 잠수함 작전으로 인해 영국의 여객선 루시타니아호가 침몰함. |

↓

```
미국이 연합국으로 참전함.
혁명이 일어난 러시아는 전쟁에서 손을 뗌.
```

↓

```
독일 혁명으로 인해 수립된 임시 정부가 연합국과 휴전 조약 체결.
```

제1차 세계 대전 이후

- 파리 강화 회의에서 미국 윌슨 대통령의 14개 조 원칙이 채택됨.

- 승전국들과 독일 사이에 ㉢(　　　　　) 조약 체결.

- 국제 분쟁을 평화적으로 해결하기 위해 ㉣(　　　　　) 창설.

▣ 러시아 혁명

2. 빈칸을 채우며 러시아 혁명에 대해 정리해 보자.

배경	• 차르 중심의 전제 정치에 대한 불만 증가. • ㉠(　　　　　　　) 사건(1905): 러일 전쟁과 물가 폭등으로 살기 어려워 진 노동자들이 시위를 벌이던 중 군대의 발포로 사상자 발생. • 민심이 싸늘해지자 러시아 황제 니콜라이 2세가 의회 설치와 참정권 확대를 약속하였으나, 제1차 세계 대전이 터지면서 개혁이 중단됨.

2월 혁명 (1917)	• 제1차 세계 대전의 피해로 전 국민의 저항이 거세짐. • 니콜라이 2세가 항복하며 제정이 무너지고, 소비에트 임시 정부가 세워짐.

10월 혁명 (1917)	• 2월 혁명으로 세워진 임시 정부가 전쟁을 지속하자, 볼셰비키(소련의 사회주의 다수파, 소수파는 멘셰비키)를 이끄는 지도자였던 ㉡(　　　)이 혁명을 일으킴. • 레닌이 소비에트 혁명 정부를 세운 뒤 의회를 해산하고 공산당 일당 독재를 선언함. 세계 최초의 ㉢(　　　　　) 국가 탄생.

↓

소련의 수립 (1922)	• 레닌의 정책 – 국제 공산당 연합 조직인 ㉣( )을 만들어 전 세계의 제국주의 투쟁을 지원. – 독일과 평화 조약을 체결하고 제1차 세계 대전에서 손을 뗌. – 사회주의 개혁(토지와 산업 시설 국유화) 추진. – ㉤( ) 연방(소련) 결성. • 스탈린의 정책 – 군대를 동원한 공포 정치를 펼침. – 모든 농민을 콜호스라는 집단 농장에 집어넣음.

㉯ 아시아와 아프리카의 민족 운동

3. 빈칸을 채우며 아시아와 아프리카의 민족 운동에 대해 정리해 보자.

아시아와 아프리카의 민족 운동

• 중국
  - 파리 강화 회의에서 중국에서 차지했던 독일의 이권을 일본에 넘기라고 결론
    나자 중국 민중들이 크게 반발하며 ㉠(   )을 벌임.
  - 쑨원의 국민당과 중국 ㉡(   )의 국·공 합작이 이루어짐.
  - 장제스는 공산당을 제외한 국민당만으로 통일 정부를 세움.
• 인도
  - 민족 지도자 ㉢(   )가 인도 국민 회의를 이끌고 영국에 대항하는 비폭
    력·불복종 운동(납세 거부, 소금 행진 등)을 벌임.
  - 간디의 뒤를 이은 네루가 무력 투쟁을 벌여 인도의 자치권을 얻어냄.
• 베트남
  - ㉣(   )이 베트남 공산당을 결성하여 프랑스에 맞섬.

- 인도네시아
  - 수카르노가 인도네시아 국민당을 이끌며 네덜란드에 맞섬.
- 필리핀
  - 독립운동을 벌여 미국 의회에서 독립을 승인받음.
- 타이
  - 입헌군주제를 도입하고 국명을 시암에서 타이로 바꿈.
- 서아시아
  - 오스만 제국이 해체되고 무스타파 케말이 ⑩(   ) 공화국 수립.
  - 연합국을 위해 싸웠던 아랍인들의 독립이 지켜지지 않자, 민족 운동을 통해 팔레스타인, 요르단, 이라크, 레바논, 시리아 등이 독립함.
- 아프리카
  - 영국 정부에 반대하는 운동을 줄기차게 벌였던 이집트만 영국의 수에즈 운하 관리와 군대 주둔을 허용하는 조건부 독립을 얻어냄.

그 당시 한반도는?

민족 자결주의의 영향을 받은 지식인들이 일본의 식민지 지배에 저항하는 3·1 운동을 주도하였다. 제1차 세계 대전 이후 전승국의 식민지에서 최초로 일어난 대규모 독립운동이었다.

1. 제1차 세계 대전의 방아쇠가 된 '사라예보 사건'이 무엇인지 다음을 바탕으로 서술해 보자.

> • 오스트리아-헝가리 제국　　• 범게르만주의　　　• 범슬라브주의
>
> • 보스니아 헤르체고비나 합병　• 황태자 부부

2. 제1차 세계 대전에 미국이 참전하게 된 계기가 무엇인지 서술해 보자.

3. 다음을 참고하여 독일 사람들이 '베르사유 조약'을 '베르사유의 명령'이라고도 한 까닭을 설명해 보자.

- 독일이 연합국에 330억 달러(약 수십조 원)의 배상금 지급.
- 해외의 식민지와 독일 영토의 일부를 주변국에 넘김.
- 독일의 육군 병력은 10만 명을 넘을 수 없음.
- 잠수함이나 전투기 같은 신무기 보유 금지.

4. 국제 연맹이 창설된 목적과 한계를 서술해 보자.

5. 러시아 혁명이 영국이나 프랑스의 시민 혁명과 달랐던 점이 무엇인지 비교하여 서술해 보자.

> • 소비에트 혁명   • 공산당   • 사회주의

6. 레닌과 스탈린이 추진했던 사회주의 개혁의 문제점이 무엇이라고 생각하는지 근거를 들어 서술해 보자.

7. 제1차 세계 대전 이후에 아시아와 아프리카 각 지역에서 민족 운동이 활발하게 전개된 까닭을 서술해 보자.

01. 다음 중 제1차 세계 대전과 관련 <u>없는</u> 것은?

① 범슬라브주의와 범게르만주의의 대결

② 사라예보에서 오스트리아 황태자 부부 암살

③ 오스트리아의 보스니아 합병

④ 참호전, 신무기전, 총력전

⑤ 비스마르크 재상의 독일 통일

02. 다음 중 파리 강화 회의의 결과로 독립한 나라가 <u>아닌</u> 것은?

① 라트비아   ② 헝가리   ③ 인도네시아   ④ 핀란드   ⑤ 폴란드

03. 아래 연설의 주인공에 관한 사실로 옳은 것은?

> 제국주의자들의 약탈 전쟁은 유럽 전역에 내란을 일으키고 있습니다. … 세계는 지금 사회주의 혁명을 향해 달려가고 있습니다. … 유럽의 모든 제국주의는 조만간 무너져 버릴 것입니다.

① 자유주의자들과 함께 식량 배급과 전쟁 중단을 요구했다.

② 2월 혁명을 주도한 후 임시 정부를 구성하여 개혁을 추진하였다.

③ 멘셰비키의 주도적 인물로 10월 혁명을 일으켜 성공했다.

④ 자본주의를 부분 도입한 신경제정책(NEP)을 실시하였다.

⑤ 소련의 경제를 회복시키고 독재 체제를 더욱 강화하였다.

04. 다음에서 설명하고 있는 사건이 있었던 때로 옳은 것은?

> 일본은 중국 정부에 21개 조 요구를 강요하며 독일이 갖고 있던 중국에 대한 이권을 빼앗았다. 중국 민중들은 강하게 반발하며 일본에 협력하는 군벌에 반대하는 운동을 벌였다.

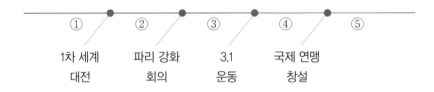

①　　　　②　　　　③　　　　④　　　　⑤

1차 세계　　파리 강화　　3.1　　국제 연맹
대전　　　　회의　　　운동　　　창설

05. 제1차 세계 대전 이후 전개된 각국 민족 운동에 대한 설명으로 옳지 **않은** 것은?

① 윌슨 대통령의 민족 자결주의와 러시아 혁명의 영향을 받았다.

② 서구 열강 제국주의에 대항하는 민족 자립 운동이었다.

③ 이집트는 프랑스의 수에즈 운하 운영권을 인정하며 조건부 독립을 얻었다.

④ 호찌민은 인도차이나 공산당을 조직하여 베트남의 독립을 위해 일했다.

⑤ 무스타파 케말은 술탄 제도를 폐지하고 근대화 정책을 실시했다.

세계 대전과 국제 질서의 변화 2
(제2차 세계 대전)

📖 인류 역사상 최악의 전쟁 시대

책을 읽기 전에

🌏 다음 용어와 뜻을 연결하며 16장의 후반부에서 다루는 제2차 세계 대전과 관련된 용어를 익혀 보자.

① 공황 •

• 개인은 민족이나 국가와 같은 전체를 위해서만 존재한다는 이념에 따라 개인의 자유와 권리를 억압하는 정치 체제

② 전체주의 •

• 제2차 세계 대전 후 평화와 안전의 유지 등 국제 협력을 목적으로 창설된 국제기구

③ 군국주의 •

• 자본주의 경제에서, 상품의 생산과 소비의 균형이 깨지며 산업이 침체되고 실업자가 많이 생기며 경제가 혼란에 빠지는 현상

④ 국제 연합 •

• 군사력에 의한 발전을 국가의 중요한 목적으로 삼고 사회나 국민의 생활을 전면적으로 통제하는 체제

책을 읽으며

1. 제2차 세계 대전에 대한 역사를 읽으며 중요하다고 생각하는 내용에 밑줄 쳐 보자.

2. 부분별로 읽은 내용을 생각하며 빈칸을 채워 보자.

⊟ 미국 공황에 세계가 휘청거린 까닭은?: 대공황의 발생과 미국 뉴딜 정책

1) 1920년대 후반 잘 풀리던 경제가 나빠지며 소비가 줄어들고 창고에 팔리지 않은 제품이 쌓이는 불황이 시작되었다. 1929년 10월 29일 (   )의 주식 시장에서 모든 주식이 폭락하며 '(   )'이 되었다.

2) 수천 개 (   )이 문을 닫고 (   )가 길거리에 넘쳐났다. 은행도 잇달아 무너지고 땅을 잃어버린 농민들은 길거리로 쫓겨났다.

3) 미국 공황의 파장이 (   )을 비롯해 전 세계로 퍼져 1년 만에 전 세계에서 똑같은 경제 위기인 (   )이 시작되었다.

4) 미국의 프랭클린 루스벨트 대통령이 (   )을 추진하며 미국 경제 전반의 개혁에 나섰다. 이전까지의 자유방임 정책에서 (   )가 직접 생산량을 조절하는 새로운 경제 정책이 시행되었다.

5) 실업자 구제를 위해 테네시강 유역 개발 공사와 같은 대규모 (   )을 벌여 일자리를 늘렸다. 부실한 은행은 문 닫게 하고 (   )를 실시했다. 뉴딜 정책 시행 이후 미국 경제가 조금씩 회복되었다.

6) 영국과 프랑스는 (   )를 활용해 대공황을 극복하려 했다. 자국과 식민지를 하나처럼 묶은 (   )를 시행했다. 더불어 수입품에 높은 관세를 부과해 국내 기업과 산업을 보호하는 (   ) 정책을 시행했다.

7) (   ), 이탈리아는 식민지가 적어 대공황 위기를 극복할 방법이 없었다. (   )은 식민지인 한국의 쌀을 헐값에 사들이고 일본의 공산품을 강제로 파는 방식을 추진했지만 대공황을 극복하기 어려웠다.

Ⓗ 파시즘과 나치즘이 국민의 지지를 받은 까닭은?: 전체주의의 등장

1) 이탈리아의 (   )는 국가와 민족이 가장 중요하다는 (   ) 사상을 주장하며 개인의 자유와 기본권을 억압했다. 수상으로 임명된 무솔리니는 파시스트당의 (   )를 수립했다.

2) 베르사유 조약 이행에 대공황이 겹쳐 독일 경제가 추락하자 (   )가 이끄는 나치스가 국민의 지지를 받았다. 히틀러는 (   ) 혈통의 독일인이 가장 우월한 인종이라며 다른 민족, 특히 (   )을 집중 공격했다.

3) 나치스는 1930년대 초반 (   )에서 승리하면서 집권당이 되었다. 수상이 된 히틀러는 나치스 일당 독재 체제를 수립하고 총통에 올랐다. 이후 본격적으로 전쟁 준비를 시작하고 베르사유 조약을 (   )했다.

4) 일본은 1920년대 중반 이후 공황이 시작되자 군부 세력이 권력을 차지한 후 (   )를 강화했다.

5) 파시즘, 나치즘, 군국주의로 무장한 세 나라의 전체주의 정권은 국가와 민족의 번영을 위해 (   )을 강화해 영토를 넓혀야 한다고 선동하며 국민을 세뇌시켰다. 전체주의 정권은 대다수 (   )들의 지지를 받았다.

6) 세 나라 중 일본이 먼저 전쟁을 일으켰다. 1931년 만주 사변을 일으켜 만주를 침략하고 허수아비 정부인 (   )을 세웠다. (   )도 탈퇴하고 중국 본토를 침략하며 (   )을 일으켰다.

7) 1936년 이탈리아는 정복하려다 실패했던 (   )를 침략해 정복하고 로마 제국의 부활을 선포했다.

ⓑ 헤밍웨이는 왜 에스파냐에서 총을 들었을까?: 에스파냐 내전과 제2차 세계 대전 발발

1) 1931년 (   )에 들어선 공화 정부가 국민보다 귀족을 옹호하자 자유주의자와 사회주의자가 연합해 맞섰다. 그리고 선거에서 승리해 (   )가 세워졌다.

2) 인민 전선 정부가 개혁에 돌입하자 프랑코가 (   )를 이끌고 인민 전선 정부에 반대해 쿠데타를 일으키며 (   )이 시작되었다.

3) 자유주의와 사회주의를 싫어하는 전체주의자 히틀러와 무솔리니는 에스파냐 내전에 개입해 (   )를 지원했다. 두 사람은 (   )을 체결하며 동맹이 되었다.

4) 1936년 11월 독일은 일본과 (   )을 체결하며 공산주의를 막기로 했다. 이 협정에 (   )가 가세하며 세 나라의 동맹이 만들어졌다.

5) 미국과 영국은 에스파냐 내전에 간섭하지 않겠다고 선언했고, (   )는 초기에 인민 전선 정부를 잠깐 돕다가 그만두었다. (   )이 유일하게 인민 전선 정부에 무기를 지원했지만 프랑코의 군대를 이길 수 없었다.

6) 인민 전선 정부를 지지하는 전 세계 젊은이들이 에스파냐의 (   )이 되어 프랑코의 군대와 맞섰다. 4년에 걸친 내전에서 (   )가 패했다. 프랑코는 수도 바르셀로나를 점령하고 통령에 올라, 에스파냐에도 (   ) 정권이 들어섰다.

7) 독일은 1938년 오스트리아가 같은 (   )이기 때문에 하나로 합쳐야 한다는 이유를 내세우며 (   )를 침략해 병합했다.

8) (   )과 (   )는 독일의 침략 행위를 묵인하며 달래려고 했지만, 독일은 독일인이 많다는 이유를 대며 (   )를 점령했다.

9) 독일의 히틀러는 우선 (   )을 설득해 서로 침략하지 말자는 불가침 조약을 체결한 후 (   )로 진격했다. 그러자 영국과 프랑스가 독일에 (   )를 하며 1939년 9월 제2차 세계 대전이 시작되었다.

ⓑ 히틀러, 소련을 침공하다: 제2차 세계 대전의 전개와 종결

1) 제2차 세계 대전은 전 세계에서 진행되었다. 2주 만에 폴란드를 정복해 (   )과 나눠 가졌다. 소련은 핀란드를 강제로 정복하고 (   )으로부터 회원국 자격을 박탈당했다.

2) 서쪽으로 진격한 독일은 (   )와 노르웨이를 점령하고, 이어 벨기에, 네덜란드, 룩셈부르크를 점령했다. 다음 달에는 (   )을 뚫고 프랑스로 진격해 (   )를 점령했다.

3) (   )을 제압하기 위해 본토의 공군 기지를 폭격하기 시작해 효과를 거두지 못하자 민간인이 사는 (   )과 주요 도시를 폭격했지만 영국은 무너지지 않았다.

4) 독일은 (   )과 지중해 일대에서도 잇달아 승리를 거두고, 헝가리, 루마니아, 불가리아를 모두 정복했다. 이탈리아가 (   )를 침략했다 위기에 처하자 독일이 지원에 나서 그리스도 정복했다. 독일과 이탈리아는 지중해를 건너 (   )까지 침략했다. 1941년 6월에는 불가침 조약도 깨고 (   )을 침공했다.

5) 일본은 군수 물자가 부족하자 (   )로 진출했다. 프랑스가 지배하던 (   )를 차지하자 미국이 철수하라 경고했다.

6) 일본이 1941년 12월 미국 태평양 함대가 있는 하와이 (   )를 공

격했다. 선전 포고도 없는 기습 공격에 미국은 다음날 일본에 선전 포고를 하며

(   )을 시작했다.

7) 1942년 미국 참전 이후 연합군이 전세를 (   )시켰다. 태평양 전쟁에서 미국

이 잇달아 일본을 격파하고, 하와이 북서쪽 (   )에서도 승리

했다.

8) 독일은 소련의 (   )에서 벌어진 전투에서 (   )했다. 이 전쟁을

계기로 독일의 기세가 꺾였다. (   )에서도 연합군이 독일을 격파했다.

9) 1943년이 되어 연합군이 독일, 이탈리아, 일본을 압박하기 시작하자, 세 나라는

위기에 처했다. 아프리카를 되찾은 연합군이 이탈리아로 진격해 (

)을 무너뜨렸다.

10) 1944년 연합군은 (   )을 감행해 독일군을 프랑스

에서 몰아냈다. 연합군은 독일로 진입해 소련 군대와 함께 (   )을 포위했

다. 히틀러는 자살했고 독일은 (   )했다.

11) 소련도 태평양 전쟁에 (   )을 선언했다. 일본이 끝까지 저항하자 미국은 히

로시마와 나가사키에 (   )을 떨어뜨렸다. (   )년 8월 일본

이 항복하며 제2차 세계 대전이 끝났다.

🅱 대서양 헌장에 따라 만들어진 국제기구는?: 전쟁의 종결 및 새 국제 질서의 수립

1) 1941년 8월, 제2차 세계 대전 이후 처리와 새로운 국제 질서를 수립하기 위한 논

의가 시작되었다. 미국의 (   ) 대통령과 영국 (   ) 총리가 만나 전

후의 국제 평화 원칙을 마련한 (   )을 선언했다.

2) 1943년 11월 대서양 헌장을 바탕으로 전후 질서에 대한 논의가 이루어졌다. 이집트 카이로에서 미국, 영국, 중국 정상이 (   )을 열어 일본을 응징하고 (   ) 독립을 보장하기로 결정했다.

3) 1943년 11월 이란 (   )에서 회담을 열고 연합군의 노르망디 상륙 작전과 독일 진격을 결정했고, 1945년 2월에는 크림반도의 (   )에서 전쟁 후 (   )을 미국, 영국, 프랑스, 소련이 분할 통치하기로 하고, 소련의 참전도 결정했다.

4) 제2차 세계 대전이 끝나기 직전 미국, 영국, 중국 정상이 (   )에서 다시 회담을 갖고 이전까지의 결정을 확인했다.

5) 전쟁 이후 (   )은 네 국가가 분할 통치하기로 했다. (   )은 미군정의 통치를 받았고, 1951년 샌프란시스코 강화 조약에 따라 독립국으로 재탄생했다.

6) 대서양 헌장에서 밝힌 대로 전쟁을 방지하고 평화를 유지하기 위한 실질적인 국제기구인 (   )을 만들었다. 국제 연합은 강대국들이 중심이 된 (   )를 두었고, 유엔군을 따로 둬 (   )을 갖췄다.

3. 16장 내용을 바탕으로 제1차 세계 대전과 제2차 세계 대전의 공통점과 차이점을 각각 한 가지 이상 생각해 보자.

🌐 16장 내용 가운데 제2차 세계 대전과 관련된 부분을 한눈에 정리해 보자.

🅑 대공황의 발생

1. 빈칸을 채우며 대공황의 발생과 각국의 대응에 대해 정리해 보자.

| 1920년대 미국의 호황. | ➡ | 생산량을 소비량이 따라오지 못하면서 재고가 쌓임. | ➡ | 주가가 폭락함 (암흑의 목요일). |

➡ 공장이 문을 닫고 실업자 증가. ➡ 경제 대국이었던 미국의 공황(1929)이 전 세계로 퍼지며 대공황(1930) 발생.

미국의 대응

- 프랭클린 루스벨트 대통령이 경제에 정부가 적극적으로 개입하는 ㉠(   ) 정책을 추진함.
- 공공사업을 통해 일자리를 늘리고 사회 보장 제도를 실시함.

영국과 프랑스의 대응

- 식민지를 활용한 ㉡(   ) 경제를 시행함.
- 수입품에 높은 관세를 부과하는 보호 무역을 실시함.

이탈리아, 독일, 일본의 대응

- 국가의 위기를 극복하기 위해 개인이 희생해야 한다는 ㉢(   ) 이념을 내세워 국민을 선동함.
  - 이탈리아: 무솔리니의 파시즘(파시스트당 일당 독재)

- 독일: 히틀러의 나치즘(나치스 일당 독재, 베르사유 조약 탈퇴)

- 일본: 군국주의

• 침략 전쟁을 일으키기 위해 군대를 키움.

- 일본: 만주 사변, 중·일 전쟁

- 이탈리아: 에티오피아 정복

ⓑ 제2차 세계 대전

2. 빈칸을 채우며 제2차 세계 대전의 전개 과정과 그 결과를 정리해 보자.

당시 세계정세

• ㉠(   ) 내전: 자유주의와 사회주의 세력이 중심이 된 인민 전선 정부와 군부 쿠데타의 주동자인 프랑코가 내전을 벌임.

• 전체주의 국가들의 동맹 결성.

- 히틀러와 무솔리니가 프랑코의 군부 세력을 지원함.

- 독일과 이탈리아가 베를린-로마 추축 협정 체결.

- 독일과 일본이 ㉡(   ) 협정 체결. 이탈리아가 이 협정에 가세함.

• 강대국들이 에스파냐 내전에 개입하지 않자, 전 세계 젊은이들이 민간 의용군이 되어 프랑코의 군대와 맞서 싸웠지만 결국 군부가 승리하고 에스파냐에 전체주의 정권이 들어섬.

• 독일의 오스트리아를 병합하고 체코슬로바키아를 점령함.

제1차 세계 대전 (1939~1945)

- 독일이 소련과 불가침 조약을 맺고 전쟁 시작.

> 독일의 ⓒ(　　　) 침공.

↓

> 독일이 급속도로 유럽 대부분을 점령하며 기세를 떨침.
> 독일이 독소 불가침 조약을 파기하고 소련을 침공함.

↓

> 일본이 미국의 하와이 ⓔ(　　　) 기지를 기습하며
> 미국이 전쟁에 가담하게 됨. 태평양 전쟁 시작.

↓

> 스탈린그라드 전투에서 독일이 소련에 패하며 기세가 꺾임.
> 아프리카에서도 연합국의 승전보가 들림.

↓

연합군이 이탈리아의 무솔리니 정권을 무너뜨림.	ⓜ(　　　) 작전으로 프랑스를 해방시킨 연합군이 베를린을 포위하자 독일이 항복함.	히로시마, 나가사키 원폭 투하로 일본이 항복함.

ⓑ 전쟁의 종결과 새로운 국제 질서

3. 빈칸을 채우며 제2차 세계 대전 이후에 확립된 새로운 국제 질서에 대해 정리해 보자.

대서양 헌장 (1941)

- 미국의 ㉠(　　　) 대통령과 영국의 ㉡(　　) 총리가 국제평화 원칙을 담은 대서양 헌장을 발표함.
- 제1차 세계 대전 때와 달리 전쟁 종결 전부터 전후 처리와 새로운 국제 질서 수립에 대한 다양한 논의가 진행됨.

전후 질서에 대한 논의

- ㉢(   ) 회담(1943): 미국, 영국, 중국 정상이 이집트에 모여 일본을 응징하고 한국의 독립을 보장하기로 결정함.
- 테헤란 회담(1943): 연합국이 이란에 모여 노르망디 상륙 작전과 독일 진격을 결정함.
- 얄타 회담(1945): 연합국이 크림반도에 모여서 전쟁 후 독일을 미국, 영국, 프랑스, 소련이 분할 통치하기로 하고, 소련의 참전을 결정함.
- ㉣(   ) 회담(1945): 제2차 세계 대전 종결 직전 미국, 영국, 중국 정상이 독일에서 다시 만나 한국의 독립을 포함한 이전까지의 결정 사항을 재확인함.

전쟁 이후의 조치

- 독일은 미국, 영국, 프랑스, 소련이 분할 통치하게 됨.
- 일본은 미군정의 통치를 받다가 1951년 샌프란시스코 강화 조약에 따라 독립국의 지위를 회복함.
- 실질적 국제기구인 ㉤(   ) 창설.
  - 강대국들이 중심이 된 안전 보장 이사회 설립.
  - 유엔군을 따로 두어 군사력을 갖춤.

1. 대공황을 극복하기 위해 미국의 루스벨트 대통령이 추진했던 뉴딜 정책이 무엇인지 설명하고 대표적인 사례를 들어 보자.

2. 이탈리아의 무솔리니, 독일의 히틀러가 주장했던 내용을 살펴보고 전체주의의 특징을 설명해 보자.

국가가 가장 중요하며 국가를 떠나서는 인간의 존재 가치가 없다. …… 국민이 국가를 만드는 것이 아니라 국가가 국민을 창조하는 것이다. — 무솔리니, 〈파시즘 독트린〉

민족주의 국가는 인종을 모든 생활의 중심에 두어야 한다. …… 독일 민족에 상응하는 영토를 이 지상에서 확보해야 할 것이다. — 히틀러, 〈나의 투쟁〉

3. 에스파냐 내전을 벌였던 두 세력을 지지했던 세력을 비교하여 다음 표의 빈칸을 채워 보자.

	인민 전선 정부	프랑코 군부
추구하는 이념	자유주의와 사회주의의 연합	군사 독재, 전체주의
지지했던 세력	• 프랑스가 초기에 잠시 인민 전선 정부를 돕다가 물러남. • 소련이 인민 전선 정부에 무기를 지원함. • 자유 민주주의를 지키기 위하여 _____ _____ _____ _____	• _____ _____ _____이 프랑코의 군대를 지원함.

4. 제2차 세계 대전의 종결 전에 이루어졌던 카이로 회담(1943)과 포츠담 회담(1945)이 우리나라에 끼친 영향은 무엇인지 서술해 보자.

01. 제2차 세계 대전이 일어났던 당시 상황으로 보기 <u>어려운</u> 것은?

① 미국에서 시작된 대공황으로 전 세계 경제 사정이 악화했다.

② 식민지를 다수 확보한 영국과 프랑스는 블록 경제를 통해 경기 침체를 해결하려 했다.

③ 개인의 자유를 억압하고 집단의 이익을 우선시하는 전체주의가 등장했다.

④ 경제 위기에 지친 농민, 노동자들의 지지를 얻은 독재당이 나타났다.

⑤ 비교적 경제적으로 안정된 자본가와 중산층은 독재 정권에 협조하지 않았다.

02. 제2차 세계 대전의 전개 과정을 순서대로 바르게 나열한 것은?

ㄱ. 독일의 스탈린그라드 침공	ㄴ. 미국 참전
ㄷ. 영국, 프랑스 선전 포고	ㄹ. 일본의 진주만 공격
ㅁ. 독일의 폴란드 침공	ㅂ. 노르망디 상륙 작전

① ㄱ-ㄷ-ㅁ-ㄹ-ㄴ-ㅂ   ② ㅁ-ㄱ-ㄷ-ㄹ-ㅂ-ㄴ

③ ㄷ-ㅁ-ㄱ-ㄹ-ㄴ-ㅂ   ④ ㅁ-ㄷ-ㄱ-ㄹ-ㄴ-ㅂ

⑤ ㅁ-ㄷ-ㄹ-ㄱ-ㄴ-ㅂ

03. 다음은 어느 나라에 대한 설명인지 〈보기〉를 참고해 써 보세요.

보기
영국 프랑스 독일 에스파냐 일본 미국

(1) 프랑코 중심의 파시스트 정권이 수립되었다. (　　　　　)

(2) 군부가 집권하여 군국주의 체제를 강화했다. (　　　　　)

(3) 외국 일에 간섭하지 않겠다는 먼로주의를 고수했다.(   )

(4) 인종 차별 정책으로 국민을 선동해 전쟁을 일으켰다. (   )

(5) 독일군에 의해 수도를 점령당했지만 끝까지 무너지지 않았다. (   )

04. 다음 대화에서 <u>잘못된</u> 내용 두 개를 고르시오.

선생님: 오늘 제2차 세계 대전이 마무리되어 가는 과정에 대해 알아본다고 했죠?
각자 조사해 온 내용을 발표해 볼까요?

다연: ①<u>미국이 참전하면서부터 전세가 연합군에 유리한 상황으로 바뀌었어요.</u> 특히 미드웨이 해전에서 일본군을 크게 물리쳤어요.

준식: 육지에서도 ②<u>6개월간 계속된 노르망디 상륙작전에 성공한 소련이 독일을 제압하기 시작했고요.</u>

은호: ③<u>가장 먼저 항복한 나라는 이탈리아였어요.</u> 그래서 피해 규모도 가장 적었지요.

현서: ④<u>대량 살상무기가 등장한 까닭에 너무 많은 사람들이 희생된 것이 안타까워요.</u> 제1차 세계 대전 때보다 3배나 많은 사상자를 냈다는 것만 봐도 얼마나 끔찍했는지 알 수 있어요.

다연: 맞아요. 그래서 새로운 국제 질서를 수립하기 위해 ⑤<u>미국과 영국의 대표가 만나 대서양 헌장을 발표했어요.</u>

준식: ⑥<u>군사력을 갖춘 국제 연합을 만든 것은 제1차 세계 대전과 다른 점이라고 할 수 있어요.</u>

은호: ⑦<u>히틀러가 자살한 독일은 가장 늦게 항복한 나라였어요.</u> 이후 ⑧<u>미국, 소련, 영국, 프랑스가 독일을 분할 통치하기로 했고요.</u>

05. 아래 각 회담에서 논의된 내용을 바르게 연결하시오.

카이로 회담 •	• - 소련 참전 결정 - 연합 4국의 독일 분할 통치 결정
포츠담 회담 •	• - 노르망디 상륙 작전 결정
테헤란 회담 •	• - 한국의 독립 보장
얄타 회담 •	• - 일본의 무조건 항복 권고 - 카이로 선언 이행 재확인

세계 대전 이후 세계의 변화

📖 민주주의의 확산, 인권 회복과 평화 확산을 위한 노력

책을 읽기 전에

🌏 17~18장에서 다루는 내용은 무엇일지 『한 번에 끝내는 세계사』에서 안내하는
내용을 바탕으로 생각해 보자.

- 제1차 세계 대전 이후 탄생한 독립국들에 대해 이야기해 보세요.
- 전 세계에서 참정권이 확대되는 과정을 설명해 보세요.
- 미국에서 자본주의가 빨리 발전할 수 있었던 이유를 설명해 보세요.
- 국제 노동 기구는 왜 만들었으며 어떤 역할을 하고 있는지 이야기해 보세요.

- 세계 대전 도중에 치러진 반인륜 범죄에 대해서 내용과 결과를 설명해 보세요.
- 위안부 피해와 징용 피해 문제가 왜 해결되지 못하는지 이유를 설명해 보세요.
- 제2차 세계 대전 이후에 치러진 국제 전범 재판의 결과와 한계점을 이야기해 보
  세요.
- 인권 회복과 평화 확산을 위해 국제 사회가 벌이는 노력에 대해 이야기해 보세요.

책을 읽으며

1. 제1~2차 세계 대전 직후 세계 역사를 읽으며 중요하다고 생각하는 내용에 밑줄
   쳐 보자.

2. 17장에서 부분별로 읽은 내용을 생각하며 빈칸을 채워 보자.

🅑 가장 먼저 여성에 투표권을 준 나라는?: 민주주의 발전과 참정권의 확대

1) 제1차 세계 대전 이후 여러 나라에 공화국 정부가 들어서 민주주의가 크게 발전했다. 독일은 제1차 세계 대전 중 혁명으로 (   ) 공화국이 수립되었다. 오스트리아-헝가리 제국은 (   )되고, 오스만 제국은 (   ) 공화국으로 새 출발했다. 폴란드, 체코슬로바키아 등 독립한 나라들은 거의 모두 (   ) 헌법을 채택했다.

2) 일반 시민에게 투표권을 가장 먼저 준 나라는 (   )이었다. (   )는 1848년 모든 (   )에게 투표권을 주었다. 1893년 뉴질랜드에서 가장 먼저 (   ) 참정권을 인정했다.

3) 러시아 소비에트 정부는 모든 (   )에게 투표권을 주었다. 독일은 1919년에 20세 이상 (   ) 모두에게 투표권을 주었다. (   )은 1928년 21세 이상 남성과 30세 이상 여성에게 투표권을 주고, (   )은 1920년에, 프랑스는 1944년에 여성에게 투표권을 주었다.

4) 아시아에서 (   )은 1945년에 여성들이 참정권을 얻었다. 우리나라를 비롯해 다른 아시아 국가들은 제2차 세계 대전이 끝나고 독립을 얻은 후 민주주의와 더불어 (   ) 선거가 시작되었다.

🅑 1920년대의 미국을 왜 광란의 시대라 할까?: 자본주의의 발전과 노동자의 권리 확대

1) (   )은 제1차 세계 대전 도중에 연합국에 무기와 (   )를 팔아 막대한 돈을 벌었다. 전쟁이 끝난 후 황폐해진 나라를 복구하는 (   )에 상품을 팔면서 경제적 이익을 얻어 세계 최고 강대국으로 성장했다.

2) 1920년대 미국은 (   )과 (   )가 폭발적으로 늘었다. 대량 생산된 제품을 많이 팔기 위해 마케팅과 (   ) 회사들이 생겨났고, (   )도 들어섰다.

3) 자본주의가 발달하면서 (   )의 권리도 확대되었다. 영국은 1867년 선거법을 개정하면서 노동자에게 (   )을 주었다. 1886년 미국에서는 8시간 노동제를 요구하는 총파업이 벌어지기도 했다. 이후 노동자들은 (   )을 조직해 사용자인 기업가와 임금이나 근로 조건 등을 협상할 수 있게 되었다.

4) 제1차 세계 대전이 끝나고 체결된 베르사유 조약에 따라 (   )(ILO)가 설립되고, 노동 시간은 하루 (   )시간, 1주일 (   )시간으로 하는 국제 표준도 만들었다.

5) 민주주의가 발전하면서 정부가 (   )를 적극 도입하는 등 국민의 (   )에도 더 많은 신경을 쓰고 있다. 사회 보험과 연금 등의 사회 보장 제도를 시행하는 것, (   )를 적극 구제하는 것도 복지 국가의 이념을 실현시키기 위해서이다.

3. 18장에서 부분별로 읽은 내용을 생각하며 빈칸을 채워 보자.

🅑 독일이 유대인 수용소에 샤워 시설을 만든 까닭은?: 대량 학살에 대한 진실 규명

1) 제2차 세계 대전 중 (   )은 런던과 주변 도시를 폭격해 4만 명의 민간인이 목숨을 잃었다. (   )도 독일 드레스덴을 폭격해 3만 명의 민간인이 희생되었다.

2) 독일의 히틀러는 독일의 고통이 (   ) 때문이라고 선동하며 유대인을 (   )에 가두고 차별했다. 제2차 세계 대전 중에는 수용소에 보내 강제 노동을 시키거나 가스실에서 죽였다. 나치스가 자행한 이 유대인 학살을 (   )라고 한다.

3) 유럽 여러 곳에 세워진 유대인 수용소 중 (   ) 수용소에서 약 400
만 명이 죽음을 맞았다. 유럽 각지 수용소에서 희생된 유대인이 (   ) 명이
넘을 것으로 추산한다.

4) 일본은 (   ) 전쟁 당시 (   )을 점령한 후 수십만 명의 시민을 학살했다.
민간인, 부녀자까지 폭행하고 죽였으며, 난징 안에 있던 건물의 90%가 못 쓸 정도
로 파괴되었다.

⑤ 일본은 왜 진정한 사과를 하지 않을까?: 위안부 문제 해결을 위한 노력

1) 일본은 1937년 무렵부터 군대 위안소를 설치하고 (   )를 비롯해 중국,
타이완, 필리핀, 인도네시아 등의 여성들을 (   )로 끌고 갔다.

2) 일본은 위안부 운영 사실 증거를 없애려 했지만, 생존자들의 (   )이 나오면
서 위안부 문제가 중대한 국제 문제로 떠올랐다. 위안부 피해자들은 일본 정부에
(   )을 제기했고 공식 (   )와 배상을 요구했다. 하지만 일본 정부는 비공
식적 사과나 부분적 보상으로 매듭지으려 하면서 여전히 위안부 문제는 해결되지
않고 있다.

3) 일본은 어린 학생과 젊은 남성을 강제로 (   )로 끌고 갔다. 하시마(군함도)
에 끌려간 노동자들은 해저 탄광에서 하루 12시간 이상 (   )을 하다
죽어갔다.

4) 만주에 주둔한 일본 (   )는 생물학 무기를 만들기 위해 (
)을 했다. 실험에 희생된 사람들은 주로 중국인과 한국인이었다. 일본은 생체
실험 관련 증거를 없애고 실험한 적이 없다고 발뺌하고 있다. (   )도 수용소
에서 일본과 비슷한 생체 실험을 했다.

🔄 전쟁 관련 박물관은 왜 만드는 걸까?: 평화를 유지하기 위한 국제 사회의 노력

1) 제2차 세계 대전이 끝난 후 연합국 대표들이 독일과 일본에서 각각 (
　　　　　)을 열었다. 독일의 뉘른베르크 재판에서 24명의 피고인 가운데 19명이 유
죄 판결을 받고 (　　　　　　　　) 12명에게 (　　　　)이 선고되었다.

2) 1946년 5월 일본 도쿄에서 열린 전범 재판에서는 전범 25명 중 7명에게 사형이
선고되고, 그 외에는 대부분 (　　　　)되었다. 일본 (　　　　)은 재판에 넘겨지지 않
았고, 731부대의 생체 실험에 대해서도 아무런 처벌을 내리지 않았다.

3) 반인륜적 범죄 전쟁에 대해 독일은 철저한 (　　　)과 (　　　), 보상을 이행하고,
다른 유럽 국가들과 공동으로 역사 교과서를 만들기도 했다. 그러나 (　　　)은 다
지난 일이니 덮자는 주장을 하며 진정한 반성과 사과, 보상을 이해하지 않고 있다.

4) 제1차 세계 대전이 끝나고 국제 사회는 전쟁으로 문제를 해결해서는 안 된다는 내
용을 담은 (　　　　　　　　　) 조약을 체결했다. 제1차 세계 대전 이후 만들
어진 국제연맹이 해결하지 못하는 문제를 보강하기 위해 (　　　　　)을 만들
고 평화유지군도 창설했다.

4. 두 차례 세계 대전을 겪은 당시 사람들은 전쟁이 끝난 후 어떤 생각을 했을지 그
들의 입장이 되어 생각해 보자.

🌏 17~18장 내용을 한눈에 정리해 보자.

🅑 민주주의의 확산

1. 빈칸을 채우며 민주주의의 발전과 참정권 확대 과정을 정리해 보자.

공화정의 확대

• 황제(왕)을 중심으로 단결하자고 주장했던 국가들로 인해 제1차 세계 대전을 치른 유럽에서 전쟁 이후 민중에 의한 정치를 추구하는 공화정을 수립하는 국가들이 늘어남.

  - 독일 제국이 무너지고 ㉠(   ) 공화국 수립.

  - 오스트리아-헝가리 제국은 해체되고, 오스만 제국은 ㉡(   ) 공화국 수립.

  - 패전국의 식민지들, ㉢(   )의 지배를 받던 발트 3국과 핀란드가 독립하여 민주주의 헌법을 채택하고 공화정 수립.

참정권의 확대

• 제1차 세계 대전이 총력전의 양상을 띠며 여성과 노동자, 농민들이 후방에서 큰 역할을 담당했고, 전쟁을 전후로 유럽 대부분 국가가 여성의 참정권을 인정하고 보통 선거를 실시함.

노동자의 권리 확대

- 1867년 영국에서 선거법을 개정하며 노동자에게 투표권을 줌.

- 1886년 미국에서 노동자 총파업이 벌어졌고 이후 노동자들은 노동조합을 조직해 기업가와 임금이나 근로 조건 등을 협상할 수 있게 됨.

- 제1차 세계 대전 이후 베르사유 조약에 따라 국제 노동 기구(ILO)가 설립되어 노동 시간에 대한 국제 표준이 만들어짐.

- 대공황과 제2차 세계 대전 이후 각국 정부가 ㉣(   ) 제도를 적극 도입하고 실업자를 구제하는 등 국민의 복지에 관심을 기울임.

그 당시 한반도는?

제1차 세계 대전 직후 대부분의 아시아 국가들은 패전국의 식민지들과 달리 독립을 얻지 못하였다. 우리나라도 제2차 세계 대전이 종결된 이후인 1948년에 여성들이 참정권을 얻고 보통 선거가 실시되었다.

🅑 전쟁 이후의 반성

2. 빈칸을 채우며 두 차례의 세계 대전으로 인한 피해와 평화 유지를 위한 국제 사회의 노력을 정리해 보자.

대량 학살에 대한 진실 규명

- 민간인을 대상으로 한 폭격과 공습으로 수많은 인명 피해를 냄.

- 독일의 유대인 학살(홀로코스트), 일본의 ㉠(   ) 대학살과 생체 실험, 위안부 강제 동원 등 반인류적인 범죄들이 자행됨.

평화 유지를 위한 국제 사회의 노력

- 전쟁 범죄에 대한 재판이 이루어짐.

독일 ⓛ( )에서 열린 국제 군사 재판에서 전범 피고인 24명 중 12명에게 사형이 선고됨.	일본 도쿄에서 열린 국제 군사 재판에서 전범 피고인 25명 중 7명에서 사형이 선고됨.
⬇	⬇
독일은 반인륜적 범죄 전쟁에 대해 철저한 반성과 사과, 보상을 함. 다른 유럽 국가들과 공동으로 역사 교과서를 제작함.	재판 이후 전범 대부분이 석방되었고 최고 책임자인 ⓒ( )은 처벌을 받지 않음. 지금까지도 일본 정치인들이 전범들의 위패를 모신 야스쿠니 신사를 매년 참배하고 있음.

- 국가 간의 분쟁을 전쟁으로 해결해서는 안 된다는 내용을 담은 켈로그 · 브리앙 조약(부전 조약)을 체결함.
- 국제 평화와 안전을 유지를 위해 ⓔ( )(UN)이 창설되고, 안전 보장 이 사회와 평화유지군(유엔군)을 갖춤.
- 각국에서 전쟁 기념관과 위령탑을 제작함.

1. 제1차 세계 대전 이후 미국이 세계 최강대국으로 부상할 수 있었던 이유를 서술해 보자.

2. 제2차 세계 대전 이후 전범국이었던 독일과 일본의 태도가 어떻게 달랐는지 비교해 보자.

3. 국제연합(UN)의 특징을 국제연맹과 비교하여 서술해 보자.

01. 다음 중 제1차 세계대전의 영향으로 볼 수 <u>없는</u> 것은?

① 세계적으로 민주주의가 크게 발전했다.

② 자본주의가 본격적으로 발전하기 시작한 곳은 미국이다.

③ 영국과 프랑스는 자신들의 식민지를 독립시켰다.

④ 일자리를 찾는 각국 이민자들이 미국으로 몰려들었다.

⑤ 시민들의 참정권에 대한 요구가 높아지기 시작했다.

02. 다음 설명이 옳으면 ○표, 틀리면 ×표 하고 틀린 부분을 바르게 고치시오.

(1) 두 차례의 세계대전을 겪으면서 여성의 참정권에 대한 요구가 거세졌다. (   )

(2) 최초로 여성에게 참정권을 부여한 나라는 터키이다. (   )

(3) 노동자의 복지를 위한 국제 노동 기구(ILO)는 국제연합(UN) 산하 기관으로 설립되었다. (   )

(4) 제2차 세계 대전의 전쟁 범인에 대한 재판이 뉘른베르크와 도쿄에서 열렸으나 도쿄 재판에서는 제대로 된 처벌이 이뤄지지 않았다. (   )

03. 끔찍한 전쟁을 겪었음에도 전쟁박물관이나 기념관을 만드는 이유로 가장 알맞은 것은?

① 관광객들을 유치해 다시 일어설 수 있는 기반을 마련하기 위해

② 후손들에게 실재로서의 역사를 알리기 위해

③ 다른 나라에서 역사를 왜곡하는 것을 방지하기 위해

④ 전쟁 때 돌아가신 분들의 넋을 위로하기 위해

⑤ 인류가 입은 상처를 기억하고 똑같은 과오를 되풀이하지 않기 위해

현대 세계의
전개와 과제

: 갈등의 시대를 넘어 미래로

냉전 체제와 제3세계의 형성

📖 좌우 이념 대립의 시대

책을 읽기 전에

🌐 다음 내용을 읽고 19장에서 주로 다루는 핵심어를 찾아보세요.

> 제2차 세계 대전이 끝났지만 모든 전쟁이 끝난 것은 아니었어요. 이번에는 자본주의 진영과 공산주의 진영이 팽팽하게 대립했죠. 바로 냉전이 시작된 거예요. 이 냉전의 영향으로 실제로 무력 충돌, 그러니까 열전이 일어나기도 했어요. 우리나라에서는 같은 민족끼리 총을 겨눈 6·25 전쟁을 치러야 했죠. (본 책 241쪽 참조)

책을 읽으며

1. 제2차 세계 대전 이후 미국과 소련을 중심으로 대립했던 냉전 시대에 대한 역사를 읽으며 중요하다고 생각하는 내용에 밑줄 쳐 보자.

2. 부분별로 읽은 내용을 생각하며 빈칸을 채워 보자.

🅑 자본주의와 공산주의는 왜 대립했을까?: 냉전 체제의 형성

1) 제2차 세계 대전 막바지 동유럽 여러 나라가 소련의 도움을 받아 독립했다.
(   )은 폴란드, 불가리아, 체코슬로바키아 등 국가들에 (   ) 정권을
세웠다.

2) 미국의 트루먼 대통령은 공산주의 세력의 확대를 막기 위해 (   ) 국가에 군사적·경제적 원조를 하겠다는 (   )을 발표했다. 그에 따라 미국의 국무장관 마셜이 130억 달러를 유럽에 투자하는 (   )을 발표하며 서유럽 국가에 경제 원조를 제공했다.

3) 미국의 경제 원조 혜택은 (   ) 국가에는 돌아가지 못했다. 소련은 공산당 정보국인 (   )을 만들어 공산주의 국가들을 감시하고, 그 나라들을 모아 (   )(코메콘)를 만들었다.

4) 자본주의 진영이 (   )(나토)를 결성하자, 공산주의 진영도 (   )를 만들어 군사적인 대결에 들어갔다. 자본주의 진영 중심은 (   ), 공산주의 진영 중심은 (   )으로, 양 진영이 전쟁 대신 정치·외교·경제·군사 등 모든 분야에서 대립·대결했기 때문에 (   )이라고 불렀다.

5) 서독은 마셜 플랜에 따라 (   )의 원조를 받아 경제가 살아났지만, 서독의 화폐 개혁에 영향을 받은 (   ) 경제가 휘청거렸다. 그러자 소련이 베를린에서 서독으로 연결된 육로와 수로를 막으며 (   )을 봉쇄해 1년 가까이 갈등이 계속되었다.

6) 이 사건 이후 서독에는 (   ) 정권이, 동독에는 (   ) 정권이 들어섰다. 동독과 소련은 동베를린과 서베를린 사이에 (   )을 만들었다.

❸ 베트남 전쟁에서 공산주의가 승리한 까닭은 뭘까?: 열전으로 번진 냉전

1) 중국에서는 제2차 세계 대전이 끝난 직후부터 마오쩌둥이 이끄는 (   )과 자본주의 진영의 (   ) 정부가 내전을 벌여 (   )이 승리했다. 소련이 공산당을 지원했고, 미국이 국민당을 지원했다.

2) 토지를 국유화해서 농민에게 재분배하겠다고 선전하며 민중의 지지를 받은 마오

   쩌둥은 국민당을 몰아내고 (   )을 세웠다. 국민당은

   (   )으로 옮겨 새 정부를 세웠다.

3) 한반도에서는 (   )과 중국의 지원을 받은 북한이 남한을 침략했고

   (   )이 군대를 파견해 맞서 싸웠다. 자본주의·공산주의 진영이 모두

   참전하면서 (   )이 되었다.

4) 베트남은 1945년 일본으로부터 해방되어 (   )인 호찌민에 의해

   (   )이 세워졌다. (   )가 미국의 지원을 받

   아 베트남을 식민지로 삼으려 하자 호찌민의 공산 정권이 중국의 지원을 받아 전

   쟁을 일으켰다. 베트남이 승리해 독립국으로 정식 인정받았다.

5) 남베트남에 미국의 지원을 받은 자본주의 정권이 수립되었다. (

)의 지원을 받은 남베트남 사회주의자들이 세운 민족 해방 전선

   이 미국을 상대로 (   )을 벌였다. 미군이 철수한 후 북베트남이

   남베트남 정부를 무너트리며 (   )로 통일되었다.

6) 1959년 (   )에서 카스트로가 혁명을 일으켜 공산주의 정권을 수립했다. 카스

   트로는 미국과의 무역을 중단하고 국교도 끊고 소련과 가깝게 지냈다. 미국은 소

   련이 쿠바에 (   )을 배치하는 것을 막기 위해 해상을 봉쇄했다. 소련

   선박이 경고를 무시하고 항해를 계속하며 위기에 빠졌으나 극적으로 타협이 이루

   어졌다. 이 사건이 (   )이다.

Ⓑ 인도와 파키스탄은 왜 갈라섰을까?: 동남아시아 및 인도의 독립과 갈등

1) 대한민국은 제2차 세계 대전이 끝남과 동시에 독립하고 이어 (   )년 대한

   민국 정부를 수립했다.

2) 동남아시아의 필리핀은 (   )으로부터 독립을 인정받고 준비하던 중에 태평양
  전쟁이 터져 (   )에 점령되었다가 전쟁이 끝난 후 약속대로 독립해 (
)이 출범했다.

3) (   )는 1948년 영국에게서 독립했고, (   )는 네덜란드에
  맞서 투쟁 끝에 독립했다. 프랑스의 식민지였던 라오스와 캄보디아는 베트남과 비
  슷한 과정을 거쳐 1953년 독립했다. 1970년대 중반 베트남에 이어 (   )와
  (   )가 공산국가가 되었다.

4) 1963년 말레이시아가, 이어 싱가포르가 1965년 독립했다. 영국으로부터
  (   )가 어렵게 독립했으나, 이슬람교도들이 분리 독립을 선언하고
  (   )을 세웠다. 종교는 같았지만 인종, 언어, 생활 방식이 모두 다른
  동 파키스탄이 독립을 선언하고 (   )를 세웠다. 인도와 파키스탄
  의 분쟁은 아직도 계속되고 있다.

5) 인도의 남쪽에 있는 섬나라인 실론은 영국으로부터 독립해 (   )로 나
  라 이름을 바꾸었다.

⒝ 1960년이 '아프리카의 해'인 까닭은?: 서아시아 · 아프리카의 독립과 중동 전쟁

1) 제2차 세계 대전이 끝난 후 (   )의 시리아, 요르단, 레바논 등 여러 나
  라가 영국과 프랑스의 (   )가 끝나고 완전한 독립을 얻었다.

2) 1948년 (   ) 지방에 유대인들의 국가인 (   )이 세워졌
  다. 서아시아의 (   )인들이 반대했지만 영국과 미국의 지지에 이스라엘이 건
  국되었다.

3) 제1차 세계 대전 당시 (   )의 외교관 맥마흔은 (   )들의 국가를 세우
  도록 해준다는 약속을 하고 참전하게 했다. 1917년 (   )의 외무장관 밸푸어
  는 (   )들에게 참전하면 전쟁 후 팔레스타인에 그들의 국가를 세우도록
  해주겠다 약속하고 밸푸어 선언을 발표했다.

4) 제2차 세계 대전이 끝나고 유대인이 이스라엘을 세우자 아랍인과 아랍 국가들이
  인정하지 않았고 제1차 (   )이 벌어졌다.

5) 중동 전쟁은 네 차례 일어났고 결과는 (   )의 승리였다. (
)은 제4차 중동 전쟁이 터지자 휴전하도록 하고 유엔군을 파견했지만, 지
  금도 풀리지 않고 있다.

6) 1952년 영국 군대는 아프리카의 (   )에서 철수했다. 하지만 (
)를 여전히 영국이 관리하게 되자 (   )가 쿠데타를 일으켜
  왕정을 무너뜨리고 공화국을 세웠다.

7) 이집트 공화국의 초대 대통령이 된 나세르가 수에즈 운하를 (   )하자 이
  조치에 반발한 (   )과 (   )가 (   )과 함께 이집트를 공격
  하며 제2차 중동 전쟁을 일으켰다.

8) 남아프리카 공화국은 1910년 (   )으로부터 독립했다. 리비아는 1951년, 모
  로코, 튀니지, 수단은 1956년, 가나는 1957년 독립했다. 1960년에만 17개국이 독
  립해 이 해를 '(   )'라고 부르기도 한다.

🅑 신생 독립국들이 왜 반둥에 모였을까?:냉전 체제에 대한 제3 세계의 저항

1) 제2차 세계 대전 이후에 독립한 (   )와 (   )의 나라들은
  (   )을 반대하며 자본주의나 공산주의 어느 쪽으로 치우치기를 거부했다.

이들이 냉전 체제에 가장 먼저 저항하며 (   )에 영향을 주었다.

2) (   ) 진영 국가들은 제1 세계, (   ) 진영은 제2 세계, 신생

독립국들은 (   )주의를 지키며 제3 세계가 되었다. 1954년 인도

와 중국 대표가 만나 '평화 5원칙'에 합의했다. 1955년 아시아와 아프리카의 제3 세

계 29개국의 대표가 인도네시아 반둥에 모여 (   )을 채택했다.

**Ⓑ 미국이 중국과 관계 개선하려고 벌인 운동 시합은?: 좌우 진영 내부의 분열과 냉전
체제의 완화**

1) (   )의 공산주의 진영에서 1950년대부터 (   )에 대한 반대 운동이 일

어났다. (   )에서 노동조합이 중심이 되어 공산주의 정권에 대한 투쟁을

1980년대 이후까지 이어갔다.

2) (   ) 수도 부다페스트에서는 수십만 명의 시민이 (   )를

벌였다. 소련의 무력 진압에 민주화 투쟁은 4000여 명의 희생자를 내고 (   )

했다.

3) (   )에서는 둡체크라는 개혁파 정치인이 권력을 잡은 후 소

련에 반대하는 투쟁을 시작했다. '인간의 얼굴을 한 사회주의'를 주장하며 (

)를 도입하고 경제 개혁도 추진하려 했지만, 탱크를 동원한 소련의 진압에

투쟁은 (   )로 끝났다. 이 사건을 '(   )'이라 한다.

4) (   )가 미국의 영향에서 벗어나 독자 노선을 걷겠다며 (

)를 탈퇴했다. 서독은 동독의 공산주의 정부를 인정했다. 유럽 국

가들 사이에서 미국과 소련을 중심으로 한 양극 체제로 굳어지는 것을 우려해 (

)을 하나로 통합하자는 목소리가 커졌다.

5) 공산주의 진영의 소련과 중국 사이에 갈등이 생겼다. 1950년대 중반부터 두 나라가 (   )을 놓고 감정싸움을 벌였다. 또 두 나라는 (   )을 벌이며 우수리강에서 충돌했다.

6) 1969년 (   )의 닉슨 대통령이 (   )에서 벌어지는 전쟁에 개입하지 않겠다는 닉슨 독트린을 발표하면서 냉전 체제를 완화하는 계기가 만들어졌다. 이후 중국이 미국의 탁구 선수단을 초대하고 닉슨 대통령이 소련과 중국을 방문했다. 그후 미국은 (   )과 정식 (   )를 맺었다.

7) 냉전의 영향으로 분단되었던 (   )과 (   )이 서로 침략하지 않겠다는 조약을 체결하고 나란히 국제 연합에 가입했다. 1979년 미국과 소련은 군비를 줄이기로 하는 내용의 (   )을 체결했다.

3. 냉전 시대를 한두 문장으로 설명해 보자.

🌐 19장 내용을 한눈에 정리해 보자.

🅑 자본주의와 공산주의의 대립

1. 빈칸을 채우며 냉전 체제의 형성과 전개 과정을 정리해 보자.

냉전 체제의 형성

	자본주의 진영	공산주의 진영
중심 국가	미국, 서유럽 국가	소련, 동유럽 국가
정치	트루먼 독트린	코민포름 창설
경제	서유럽 국가들을 지원하는 ㉠(　　　) 계획	경제 상호 원조 회의(COMECON · 코메콘)
군사	북대서양 조약 기구(NATO · 나토)	㉡(　　　　) 조약 기구(WTO)

냉전의 전개

- 독일: 소련이 베를린 봉쇄 → 서독에는 자본주의 정권, 동독에는 공산주의 정권이 들어섬(1949) → ㉢(　　　　) 장벽 건설(1961)
- 중국: 자본주의 진영의 국민당과 ㉣(　　　　　)이 이끄는 공산당의 국공 내전 → 공산당의 승리 → 중화 인민 공화국 수립(1949)
- 한국: 광복 이후 남한과 북한으로 분단 → 6·25 전쟁 발발(1950)
- 베트남: 호찌민이 이끄는 공산주의 세력이 베트남 민주 공화국 수립(1945) → 프랑스와 벌인 독립 전쟁에서 베트남 승리(1954) → 남베트남의 자본주의 진영을 지원하는 미국과 북베트남의 공산 정권이 베트남 전쟁을 벌임 → 공산당이 승리하며 베트남 통일(1975)
- ㉤(　　　): 카스트로의 혁명으로 공산주의 정권 수립(1959) → 소련이 쿠바를 지원하며 핵미사일 기지 건설 시도 → 쿠바 미사일 위기(1962)

ⓑ 아시아와 아프리카의 신생 독립국들과 제3 세계의 형성

2. 빈칸을 채우며 신생 독립국들의 제3 세계 형성 과정을 정리해 보자.

동남아시아 국가들의 독립

• ㉠(   ): 일본 패망 이후 미국의 약속대로 독립.

• 미얀마: 영국과 긴 협상 끝에 독립.

• 인도네시아: 네덜란드에 맞서 끈질기게 투쟁한 끝에 독립.

• 라오스, 캄보디아, 베트남: 프랑스로부터 독립한 뒤 공산화.

• 말레이시아, 싱가포르: 영국의 위임 통치를 받다가 60년대에 독립.

인도의 독립과 분열

• 인도: 영국으로부터 독립.

• ㉡(   ): 인도 내부의 종교 대립 때문에 인도(힌두교)와 파키스탄(이슬람교)으로 분리.

• ㉢(   ): 인종과 언어 차이로 인해 서파키스탄과 동파키스탄이 다시 분리됨. 동파키스탄이 독립을 선언하고 나라 이름을 바꿈.

• 스리랑카: 제2차 세계 대전 직후 인도와 함께 영국으로부터 독립.

서아시아와 아프리카 국가들의 독립

- 시리아, 레바논, 요르단: 영국과 프랑스의 위임 통치를 받다가 독립.
- ㉣(   ): 유대인들의 국가가 팔레스타인 지역에 건국. 아랍인의 반발로 중동 전쟁이 일어남.
- 이집트: 영국 군대가 철수한 뒤 청년 장교 나세르가 쿠데타를 일으켜 공화정 수립. 수에즈 운하 국유화 선언 이후 중동 전쟁 확대.
- 리비아, 알제리 등: 1960년을 전후로 아프리카 국가들이 모두 독립.

제3 세계의 형성과 냉전 체제의 완화

- 자본주의 진영(제1 세계)과 공산주의 진영(제2 세계)에 속하지 않은 신생 독립국(제3 세계)들의 비동맹 중립주의.
  - 1954년 인도와 중국 대표가 만나 합의한 '평화 5원칙'.
  - 1955년 아시아와 아프리카의 제3 세계 29개국의 대표가 인도 반둥에서 모여 합의한 '평화 10원칙'.
- 유럽의 독자적인 통합의 움직임, 동유럽의 민주화 운동, 소련과 중국의 갈등 등 제1, 2 세계 내부에서도 냉전 체제에 대한 저항이 일어남.
- 1969년 미국이 아시아에서 벌어지는 전쟁에 개입하지 않겠다고 밝힌 ㉤(   )을 발표하고, 1979년 미국과 중국이 정식 외교를 맺음.

1. 미국과 소련을 중심으로 하는 냉전 체제 시기에 실제 전쟁이 벌어졌던 사례를 한 가지 들고 전쟁이 일어나게 된 원인을 설명해 보자.

2. 팔레스타인 지역에서 중동 전쟁이 발발하게 된 까닭을 다음을 바탕으로 서술해 보자.

• 아랍인	• 유대인	• 이스라엘
• 맥마흔 서한	• 밸푸어 선언	

3. 1950~60년대에 같은 공산주의 진영에 있던 소련과 중국이 대립하게 된 까닭을 서술해 보자.

4. 다음 선언의 이름이 무엇인지 밝히고, 이와 같은 선언으로 인해 국제 사회가 어떻게 달라졌는지 서술해 보자.

> • 미국은 앞으로 베트남 전쟁과 같은 군사적 개입을 피한다.
> • 미국은 태평양 국가로서 그 지역에서 중요한 역할을 계속하지만 직접적·군사적·정치적 과잉 개입은 하지 않는다.

01. 다음 중 제2차 세계 대전 이후의 모습으로 보기 어려운 것은?

① 아시아와 아프리카에 많은 독립국이 탄생했다.

② 서구 열강들은 그동안의 식민지 정책을 잇달아 철회했다.

③ 자본주의와 공산주의 진영 간의 세력 대결 양상이 짙어졌다.

④ 제3 세계에서는 평화 10원칙을 채택해 냉전 체제에 저항하기도 했다.

⑤ 러시아-중국, 인도-파키스탄, 이스라엘-팔레스타인 등 국소적 분쟁이 여전히 미해
   결 상태로 남아있다.

02. 다음 중 이스라엘과 팔레스타인 분쟁의 원인으로 볼 수 없는 것은?

① 종교 갈등   ② 벨푸어 선언

③ 맥마흔 서한   ④ 민족 갈등

⑤ 자본주의와 공산주의의 대결

03. 지도 위 사건들 중 그 성격이 다른 하나는?

- ② 베를린 봉쇄
- ③ 인도-파키스탄 분쟁
- ④ 6.25 전쟁
- ① 쿠바 미사일위기
- ⑤ 베트남 전쟁

동독
서독
소련
미국
중국
한국
태평양
대서양
인도양

자본주의 진영(1970년 기준)
공산주의 진영(1970년 기준)

04. 오른쪽 지도에 대한 설명으로 옳은 것은?

① 1960년에 17개국이 독립해 그 해를 '아프리카
　의 해'라고 부른다.

② 서구 열강들의 이념 대립으로 현재의 국경선이
　정해졌다.

③ 독립 이후부터 개발을 위한 민족단합이 잘 이뤄
　지고 있다.

④ 풍부한 지하자원과 인력으로 경제개발에 성공해 선진국에 오른 나라들이 많다.

⑤ 자본주의와 공산주의의 대결이 치열해 내전이 끊이지 않고 있다.

책을 읽기 전에

🌐 20장 내용의 중심이 되는 '세계화'가 무엇인지 알아보고 간단히 뜻을 써 보자.

책을 읽으며

1. 냉전 체제가 흔들리는 1980년대부터 냉전 체제가 붕괴된 1990년대를 거쳐 세계화가 진행되는 2000년대에 이르는 기간의 역사를 읽으며 중요하다고 생각하는 내용에 밑줄 쳐 보자.

2. 부분별로 읽은 내용을 생각하며 빈칸을 채워 보자.

   ❸ 고르바초프가 개혁 · 개방 정책을 편 이유는?: 냉전 체제의 붕괴와 소련의 해체

   1) 1985년 소련 공산당 서기장에 오른 (   )는 (   )(페레스트로이카) · (   )(글라스노스트) 정책을 추진하며 폐쇄적이고 통제 위주였던 (   ) 체제를 개혁하기 시작했다. 또 (   ) 제도를 도입했다.

   2) 고르바초프는 공산주의 진영 전체에 대한 간섭도 없애 나가고, (   )에서 소련 군대를 철수시켰다. 동유럽 공산주의 국가의 (   ) 운동도 탄압하지 않았다.

3) 동유럽 각국의 공산주의 정권이 민주화 운동을 탄압했지만 결국 (   )
가 승리했다. 민주적 (   )를 통해 민주주의 공화국이 수립되었다.

4) 체코슬로바키아에서 공산주의 정권이 무너지고 (   )와 (   )가 각기 독
립국을 세웠다. 헝가리, 루마니아, 폴란드, 알바니아도 (   ) 시대를 열었다.

5) 동독 주민들의 탈출을 막지 못하고 공산당 일당 독재가 무너지며 (
)이 해체되었다. (   )년 서독과 동독 사이에 통일 조약이 체결되
고, 서독이 동독을 흡수하는 형태로 독일이 (   )되었다.

6) 고르바초프와 미국의 부시 대통령은 군비를 축소하기로 하고 냉전 체제 종식을 선
언하는 (   )을 발표했다.

7) 소련의 공산당이 쿠데타를 일으켰다. (   )이 쿠데타를 진압한 후 공산당을 해
체하고 바르샤바 조약 기구도 없애 버렸다. 러시아 공화국의 대통령이 된 옐친은
(   )를 선언하고, 러시아를 중심으로 독립 국가 연합(CIS)을 결성
했다. 이로써 (   )가 종식되었다.

🅱 흰 고양이든 검은 고양이든 쥐만 잡으면 된다는 말의 뜻은?: 중국의 개혁과 개방
정책

1) 공산주의 정권이 들어선 후 중국은 (   )을 만들고 중공업을 육성했
지만 (   )은 떨어졌다. 산업을 발전시키고 경제를 성장시키기 위해 (
) 운동을 시작했지만 별 효과는 없었다.

2) 1966년 (   )은 사회주의를 더욱 강화하기 위해 (   )
을 시작했다. 마오쩌둥의 지휘를 받는 군대인 (   )이 반대파를 제거하고,
수많은 지식인과 예술가들이 고문받거나 투옥·처형되기도 했다.

3) 마오쩌둥이 죽고 권력을 잡은 (   )이 1976년 과감하게 개혁·개방 정
  책을 시행했다. (   )을 강조하고 자본주의의 (   ) 원리도 받
  아들이자, 중국의 경제가 놀라운 속도로 성장했다.

4) 1980년대 후반부터 중국에서 (   )이 거세져 1889년 (
)이 일어났다. 중국 정부는 민중을 탱크로 진압했다.

5) 제2차 세계 대전의 패전국인 일본은 독립국을 유지할 수 있었다. 공산주의 확대를
  막으려는 미국이 (   )을 통해 (   )을
  승인했다.

6) 일본은 (   ) 전쟁과 (   ) 전쟁에 필요한 물자를 만들고 유
  통하는 기지 역할을 하며 막대한 경제적 이익을 얻고 쉽게 (   )
  을 이루었다.

✔ 세계 무역 기구가 정말 공평할까?: 세계화와 신자유주의

1) 냉전 체제가 종식되면서 (   )는 전 세계로 확산되었다. 각국은 진
  영을 따지는 대신 자유로운 무역이 이루어지고 있는지, 불공정한 무역 때문에 자
  기 나라가 손해 보지 않는지에 더 관심을 가지기 시작했다. 전 세계에 (
)가 자리 잡힌 것이다.

2) 제2차 세계 대전이 끝나기 전 연합국 대표들이 회의를 거쳐 (   )
  체제라고 하는 경제 체제를 만들었다. 미국 달러를 기축 통화로 정하고, 경제
  후진국을 돕고 세계 경제를 발전시키기 위해 (   )(IMF)과
  (   )(IBRD)을 만들었다.

3) 1947년에는 23개 국가가 모여 자유 무역을 촉진하기 위한 첫 협정인 (
　　　　　　　　　　　　　　　)을 만들어 관세율을 낮추는 등의 방식

　으로 (　　　　　　　　　　　)을 방해하는 요인을 제거하자고 하였다.

4) 냉전 체제가 무너지면서 국제 무역에 참여하는 나라도 많아졌지만, 1970년대 두

　차례에 걸쳐 (　　　　　　) 가격이 (　　　　)하며 국제 경제는 불황이 시작되었다.

5) 위기를 넘기 위해 자유 무역을 더 강화하고 국가의 개입은 줄여야 하며 시장은 더

　개방해야 한다는 (　　　　　　　　)의 목소리가 커졌다. (　　　)과 (　　　)에

　서 신자유주의 정책이 강력하게 추진되었다.

6) 1995년 무역과 투자의 자유화를 위한 국제기구인 (　　　　　　　　　　)

　(WTO)가 탄생했다. 전 세계 160여 개국이 회원으로 가입했고, 불공정 무역을 비

　롯한 국가 간의 경제 분쟁을 심판하는 재판소 역할도 하고 있다.

7) 세계 무역 기구 외에도 몇몇 나라들은 자기들끼리 무역 상품에 붙는 세금인 관세

　를 철폐하자는 (　　　　　　　　　　)(FTA)을 맺기도 한다. 1994년 북아메리

　카 세 나라는 단계적으로 관세를 철폐하는 (　　　　　　　　　　　　　)

　(NAFTA)을 체결했다.

🅑 다국적 기업의 장점과 단점은 뭘까?: 세계화의 확대와 경제 블록화

1) (　　　　　　　　)가 진행되려면 상품과 서비스가 국경을 자유롭게 넘나드는

　(　　　　　　　　)이 필수조건이다. 사람(노동자)과 자본의 국가 간 이동이 자유로

　워지고, 국가 간 장벽이 낮아지면 세계화의 속도도 빨라진다.

2) 세계 여러 나라들과 자유 무역에 따른 경쟁이 치열해지자 지역별로 가까운 나라들

　끼리 (　　　　　　　　)를 만들어 (　　　　　　　　)을 이루기도 한다.

3) 냉전 체제를 거치면서 자본주의 진영의 주도권을 미국이 가져가자 (　　　　)
가 적극적으로 나서 (　　　　　)을 하나로 통합해야 한다고 주장했다. 1957년
(　　　　　　　　　)가 결성되어 회원국끼리 자유롭게 무역을 하되 비
회원국에 대해 제한을 두는 경제 협력을 꾀했다.

4) 1967년 유럽은 경제 분야를 넘어 정치와 군사 분야에서도 협력하는 (　　　
　　　)를 만들었다. 이후 회원국을 늘리고 냉전 체제가 끝난 후 (　　　
　)을 창설해 유럽 전체가 한 나라처럼 움직이는 체제를 만들었다.

5) 우리나라가 포함된 (　　　　　　　　　　　　　　　　), 동남아시
아 국가 연합, (　　　　　　　　　　　　)도 모두 경제 블록이라
볼 수 있다.

6) 2008년 남아메리카 나라들도 (　　　　　　　　　　)을 만들어 경제와 정치
등 모든 분야에서 협력하는 블록을 만들었다. 2002년 아프리카 53개 국가들도
(　　　　　　　)을 만들었다.

7) (　　　　　)가 확산하면 외국에서 생산된 물품을 국내에서도 싸고 간편하게 살
수 있고, 우리 기업이 해외로 나가 제품을 팔기에도 좋아 (　　　　　　　)
는 장점이 있다. 반면 세계화가 확산할 경우 거대한 자본과 세계적 유통망을 가
진 다국적 기업들만 이익이 늘어나고, 작은 국내 기업들은 이익을 얻지 못해
(　　　　　)가 심해진다는 단점이 있다.

3. 20장에서 다루는 역사의 흐름을 설명하는 데 필요한 핵심어를 써 보자.

한눈에 보기

🌐 **20장 내용을 한눈에 정리해 보자.**

🔁 공산주의의 붕괴

1. 빈칸을 채우며 공산주의 국가들의 붕괴 및 냉전 체제의 종식 과정을 정리해 보자.

소련과 동유럽 국가들의 변화

- 80년대 중반 소련의 서기장에 오른 ㉠(   )가 시장 경제 원리를 도입한 개혁(페레스트로이카)·개방(글라스노스트) 정책을 펼쳐, 자유 선거를 보장하고 정부의 통제를 완화함.
- 동유럽 각국에 민주화 운동이 일어나 공산당 일당 독재를 무너뜨리고 민주주의 공화국을 수립.
- 독일 주민들이 냉전의 상징이었던 베를린 장벽을 무너뜨리고, ㉡(   )이 ㉢(   )을 흡수하는 형태로 통일을 이룸.
- 고르바초프가 미국의 부시 대통령을 만나 군비 축소와 냉전 체제의 종식을 약속하는 ㉣(   ) 선언을 함.
- 소련에서 일어난 공산당의 쿠데타를 진압한 옐친이 소련의 해체를 선언하고, 러시아를 비롯한 11개의 공화국의 독립 국가 연합(CIS) 결성.

🔁 현대 중국과 일본의 성장

2. 빈칸을 채우며 현대 중국과 일본의 변화와 발전에 대해 정리해 보자.

중국의 변화와 발전

- 마오쩌둥이 ㉠(   )을 추진하여 중국의 지식인과 예술가가 홍위병들에게 탄압받고 전통문화가 파괴됨.
- ㉡(   )이 본격적으로 개혁·개방 정책을 펼치며 급속도로 경제가 발전함.
- 민주화를 요구하는 시위였던 ㉢(   ) 사건을 무력으로 진압함.

일본의 변화와 발전

- 제2차 세계 대전 이후 ㉣(   ) 조약을 통해 독립을 승인받음.
- 6·25 전쟁과 베트남 전쟁 당시에 전쟁 물자 보급 기지 역할을 하며 막대한 이익을 얻고, 1980년대에 경제 대국으로 발전함.

㈐ 세계화와 경제 통합

3. 빈칸을 채우며 세계화와 신자유주의에 대해 정리해 보자.

자본주의의 확산과 자유 무역의 확대

- ㉠(   ) 회의: 제2차 세계 대전 당시 연합국 대표들이 모여 미국 달러를 기축 통화로 정하고, 경제 후진국을 돕고 세계 경제를 발전시키기 위해 국제 통화기금(IMF)과 국제부흥개발은행(IBRD)을 만듦.
- 관세 및 무역에 관한 일반협정(GATT): 23개 국가가 모여 자유 무역을 촉진하기 위한 첫 협정을 맺음.
- ㉡(   ) 정책: 1970년대 두 차례 유가 폭등을 겪은 뒤 불황 위기를 극복하기 위해 미국과 영국에서 국가의 개입을 줄이고 시장을 더 개방하는 신자유주의 정책이 강력하게 추진됨.
- 세계 무역 기구: 1995년 무역과 투자의 자유화를 위한 세계 무역 기구(WTO)가 탄생.
- 세계 각국이 서로 간의 관세를 철폐하는 자유 무역 협정(FTA)을 맺음.

지역 단위의 협력

- 유럽: 1957년 프랑스의 주도로 만들어진 유럽 경제 공동체(EEC), 유럽 공동체(EC)를 거쳐, 1993년 ⓒ(   )(EU) 창설.

- 아시아·태평양: ⓡ(   )(APEC), 동남아시아 국가 연합(ASEAN).

- 아시아·유럽: 아시아·유럽 정상 회의(ASEM).

- 아프리카: 아프리카 연합.

- 아메리카: 북미 자유 무역 협정(NAFTA), 남미 국가 연합(UNASUR).

▲ 세계 지역별 경제 협력체

1. 소련의 고르바초프가 펼쳤던 개혁 · 개방 정책과 중국의 덩샤오핑이 펼쳤던 개혁 · 개방 정책의 차이점을 서술해 보자.

2. 제2차 세계 대전의 패전국이었던 일본이 국토의 분단 없이 독립국을 유지할 수 있었던 까닭은 무엇인지 다음을 바탕으로 서술해 보자.

• 냉전 • 미국 • 샌프란시스코 조약

3. 세계화와 자유 무역이 확산될 경우의 문제점이나 주의해야 할 점은 무엇인지 서술해 보자.

📄 실력 키우기

01. 소련이 해체되어 가는 과정에 대한 설명으로 옳지 <u>않은</u> 것은?

① 통제·폐쇄 위주의 소련 경제를 개혁하는 과정에서 시작되었다.

② 고르바초프는 페레스트로이카와 글라스노스트 정책으로 위기를 타개하고자 했다.

③ 동유럽 국가의 이탈을 막기 위해 소련은 민주화 요구 시위를 군대를 동원해 진압했다.

④ 몰타 회담에서 미·소 정상은 군비 축소와 냉전 종식을 선언했다.

⑤ 옐친 대통령은 소련 해체를 선언하고 새로운 독립국가연합(CIS)를 결성했다.

02. 중국의 개혁 과정에 대한 설명으로 옳지 <u>않은</u> 것은?

① 대약진운동-덩샤오핑이 경제성장을 위해 추진한 운동

② 문화대혁명-중국의 사회주의 노선을 강화하기 위해 마오쩌둥이 추진한 대격변

③ 톈안먼 사건-중국의 민중들이 민주주의를 요구하며 벌인 시위

④ 흑묘백묘론 - 경제를 발전시킬 수 있다면 자본주의 시장원리도 수용할 수 있다는 덩샤오핑의 개방 정책

⑤ 홍위병-주로 청년으로 조직된 문화 대혁명 추진 세력

03. 다음에서 언급하는 단체들에 대한 설명으로 옳은 것은?

NAFTA ASEAN EU ASEM UNASUR

① 제1차 세계 대전 이후 자국 경제를 보호하기 위해 나타난 경제 블록이다.

② 같은 화폐를 사용하는 나라들끼리 묶어 만든 정치 통합체제이다.

③ 관세 철폐, 자유 무역을 지향하는 지역별 경제 협력체이다.

④ 회원국끼리는 보호 무역을, 비회원국에 대해서는 자유 무역을 지향한다.

⑤ 냉전 체제 종식 후 미국 중심으로 권력이 재편되는 과정에서 탄생한 정치 협력체이다.

탈권위주의 운동과 대중문화의 발달

📖 낡은 관습을 깨부수고 새로운 미래로

🌏 다음 내용을 보며 21장 이전의 역사와 비교할 때 어떤 차이가 있는지 생각해 보자.

- 탈권위주의 운동이 무엇인지에 대해 설명해 보세요.
- 세계 각국의 민권 운동과 민주화 운동에 대해 이야기해 보세요.
- 학생 운동과 여성 운동의 발전 과정을 설명해 보세요.
- 대중 사회가 어떻게 형성되고 발전했는지 이야기해 보세요.

책을 읽으며

1. 20세기 사회 변화를 읽으며 중요하다고 생각하는 내용에 밑줄 쳐 보자.

2. 부분별로 읽은 내용을 생각하며 빈칸을 채워 보자.

🔁 흑인들은 왜 워싱턴 행진을 했을까?: 민권 운동과 민주화 운동의 전개

1) 20세기 후반 들어 낡은 관습과 권위를 타파해야 발전할 수 있다는 (
) 운동이 일어났다.

2) 탈권위주의 운동은 좋아진 경제 상황 덕분에 (   )에 진학하는 청년층이 많아
   지면서 이들을 중심으로 낡은 관습이나 (   )의 문화와 가치관에 대한
   저항이 시작되었다.

3) 미국의 흑인 민권 운동은 (   ) 목사가 주도했다. 1963년 워싱턴 행진을 전개해 1964년에 (   )이 통과되고 이듬해에는 흑인들에게 (   )이 주어졌다. 법적으로 흑인 차별이 금지된 것이다.

4) (   )에서는 넬슨 만델라가 운동을 주도해 백인 정부의 극단적인 인종 차별 정책인 (   )에 맞서 투쟁하다 반역죄로 종신형을 선고받기도 했다. 하지만 끝까지 싸워 아파르트헤이트 정책을 없앴다.

5) 1960년대 이후 전 세계에서 독재 정권에 저항하는 (   ) 운동이 거세게 일어났다. 민주화 운동은 아시아, (   ), 동유럽 등에서 주로 일어났다.

6) 우리나라는 1960년 자유당 독재 정권에 저항하는 (   )이 일어났다. (   )에서는 1968년에 학생들과 재야인사들의 민주화 운동이, (   )에서는 40년간 장기 집권한 프랑코의 독재 정권에 맞선 시위가 일어났다. 1980년대 동유럽 국가들에서 민주화 운동이 대대적으로 일어나 소련과 동유럽의 사회주의 정권이 붕괴했다.

⊞ 청년들은 왜 록 음악에 열광했을까?: 학생 운동과 여성 운동의 전개

1) 제2차 세계 대전 이후 청년이 된 세대들은 (   )해 기존 관습이나 정치 체제를 비판했다. (   )부터 청년들은 사회 변혁 운동에 뛰어들었고, 미국, 독일, 이탈리아, 프랑스 등 여러 나라에서 (   )만의 정치를 반대하는 청년 시위가 잇달았다.

2) 1968년 (   ) 대학생들이 대학을 개혁해 민주화하자며 대규모 시위를 벌이고, 미국의 (   ) 침공도 비난했다. (   )들도 공동 투쟁에 나서 임금 인상과 노동 조건 개선을 요구하며 총파업을 벌였다. 이 사건을 (   ) 이라고 한다. 여기에 영향을 받아 전 세계적으로 탈권위주의 운동이 일어났다.

3) 대중(   )에서도 기성세대에 대한 저항이 표출되었다. 권위주의에 저항하는
   내용의 노래를 많이 부른 (   )은 저항 문화의 상징처럼 받아들여졌다.
   청년들의 기성세대에 대한 저항을 상징하는 또 다른 문화가 (   )이었다. 청년들
   은 강렬한 음악을 들으며 자유와 (   ) 정신을 표출했다.

4) (   )으로 저항하며 사회를 이탈해 자기들끼리 무리를 지어 사는 청년들을
   (   )라고 불렀다. 청바지를 즐겨 입고 머리를 기르고 통기타를 치면서 대중가
   요를 부르는 히피 문화도 전 세계적으로 큰 영향을 미쳤다.

5) 탈권위주의 운동이 활발해지면서 (   ) 운동도 활발해졌다. 성차별에 맞선 투
   쟁 덕분에 여러 나라에서 (   )을 금지하는 법이 통과되었다.

🅱 인터넷이 대중 매체로서 매력적인 까닭은?: 대중 사회의 형성과 대중문화의 발전

1) 현대 사회를 (   )라고 한다. (   )은 '불특정다수의 사람들'로 평
   범한 대중이 현대 사회의 주역이다.

2) 제2차 세계 대전 이후 경제가 발전하며 (   ) 속도가 빨라져 도시에 다양한
   (   )가 많아졌고 이들을 중심으로 하는 대중 사회가 만들어졌다. 대중 사
   회에서는 누구보다도 대중의 영향력이 커졌다.

3) 대중은 TV, (   ), (   ) 등의 (   )를 통해 정보를 얻는
   다. 누구나 쉽게 접근할 수 있는 대중 매체 덕분에 과거 특권 계층만 누리던 문화
   를 일반 대중도 누릴 수 있게 되었다.

4) 대중이 누리는 문화를 (   )라 하는데 계급, 성별, 지역과 관계없이 누
   구나 즐길 수 있는 문화이다. 요즘에는 대중이 문화를 직접 생산하기도 한다.

5) 대중문화가 확산하면서 탈권위주의 운동도 더욱 탄력을 받았다. 사회 운동가들은 기성 사회에 대한 저항을 (　　　)와 춤, (　　　)로 만들고 대중들은 그 문화를 즐기며 저항에 (　　　)했다.

6) 미국과 서양의 대중문화를 수입한 국가에서 (　　　　　　　)를 외면하는 부작용 이 생기기도 했다. 대중문화가 지나치게 (　　　　　　　)을 띤다는 지적을 받기도 한다.

3. 21장에서 다루는 20세기 후반의 세계를 한두 문장으로 설명해 보자.

🌐 21장 내용을 한눈에 정리해 보자.

Ⓑ 탈권위주의 운동과 대중문화의 발달

1. 빈칸을 채우며 현대 사회의 문화적 특징을 정리해 보자.

탈권위주의 운동 전개

- 경제가 발전하고 교육 수준이 높아지면서 청년층을 중심으로 기성세대의 문화와 가치관에 대해 저항하는 다양한 사회 운동이 전개됨.
- 민권 운동
  - 인종 차별에 반대하는 흑인 민권 운동(미국의 마틴 루서 킹, 남아프리카공화국의 넬슨 만델라).
  - 독재 정권을 몰아내기 위한 ㉠(   ) 운동(한국, 멕시코, 에스파냐, 동유럽의 사회주의 국가들).
- 학생 운동
  - 권위적인 대학의 변혁과 미국의 베트남 침공에 반대하며 시작된 프랑스의 ㉡(   ) 운동이 노동자 총파업 등과 연계하며 확산됨.
  - 기성세대에 대해 저항하는 록이나 히피 문화에 영향을 줌.
- ㉢(   ) 운동
  - 사회적·문화적으로 뿌리 깊게 남아 있는 성차별에 저항함.

대중문화 발달

• 사회가 급격히 도시화되며 대중이 사회의 주체로 떠오름.

• TV, 라디오, 인터넷 등 ㉣(   )의 발달.

긍정적 영향	부정적 영향
– 대중문화가 발달하며 탈권위적인 문화가 빠르게 확산되고 사회 운동이 더욱 확대됨.	– 미국과 서양의 대중문화를 수입한 국가에서 전통문화를 외면하는 경향이 나타남. – 대중문화가 지나친 상업성을 띰.

그 당시 한반도는?

　1970년대 한국에서도 청바지를 즐겨 입고, 단속을 피해 가며 머리를 기르거나 통기타를 치면서 민중가요를 부르는 청년들이 많이 등장하였다.

1. 다음 두 인물의 업적과 공통점을 서술해 보자.

> • 마틴 루서 킹   • 넬슨 만델라

2. 제2차 세계 대전 이후 지구촌 각지에서 벌어진 민주화 운동의 사례를 두 가지 이상 들어 다음 문단을 완성하여 보자.

> 1960년대 이후 전 세계에서 독재 정권에 저항하는 민주화 운동이 거세게 일어
> 났다. _____
> _____
> _____
> _____
> _____

3. 현대 여성 운동이 어떻게 전개되었는지 다음을 바탕으로 서술해 보자.

> • 참정권　　• 남성 중심적 사회　　• 성차별

4. 제2차 세계 대전 이후 대중문화가 발달할 수 있었던 배경이 무엇인지 서술해 보자.

01. 다음 중 탈권위주의 운동에 대한 설명으로 옳은 것은?

① 19세기 산업혁명과 함께 시작한 근대화 운동의 일환이다.

② 특권층을 무너뜨린 탈신분제 운동이다.

③ 일부 각성한 부유층에서 제기한 만민 평등 운동이다.

④ 기성세대에 대한 저항으로 일어난 자유와 저항정신의 표현이다.

⑤ 노동 계층에서 시작해 청년 계층으로 확대되었다.

02. 다음 중 대중문화에 대한 설명으로 보기 <u>어려운</u> 것은?

① 불특정다수의 사람들이 즐기는 문화다.

② 라디오, TV, 인터넷 등 매체가 발달하면서 파급력도 커졌다.

③ 대중문화가 본격적으로 확산한 것은 1920년대 이후다.

④ 대중은 최근에 문화의 소비자이자 생산자로 자리매김했다.

⑤ 자국 전통문화를 지키자는 운동에서 시작되었다.

현대 세계의 문제 해결을 위한 노력

📖 인류의 미래, 현재의 대응에 달렸다

책을 읽기 전에

🌐 세계사 마지막 장의 제목을 보며 어떤 의미인지, 저자는 왜 인류의 미래가 현재
의 대응에 달렸다고 했는지 생각해 보자.

책을 읽으며

**1. 세계 역사의 끝부분인 현재 세계 상황을 읽으며 중요하다고 생각하는 내용에 밑
줄 쳐 보자.**

2. 부분별로 읽은 내용을 생각하며 빈칸을 채워 보자.

Ⓑ 이스라엘과 팔레스타인은 왜 걸핏하면 싸울까?: 늘어나는 국제 분쟁

1) 냉전 해체 이후 국제 분쟁은 (   ), 인종과 (   ), (   ) 등이 원인이 되
어 발생한다.

2) (   )는 튀르크인, 세르비아인, 크로아티아인 등 여러 인종과 이
슬람교, 동방정교, 로마가톨릭이라는 종교가 얽혀 내전이 일어났다.

3) 아프리카의 (   )에서는 후투족과 투치족 사이에 수십 년에 걸쳐 내전이
이어지고 있다. 콩고, 수단, 에티오피아, 소말리아 등 아프리카 다른 지역에도 이
런 분쟁이 많다.

4) 서아시아의 (   ) 분쟁은 1948년 이스라엘이 건국되면서

   (   )과 (   ) 사이에 벌어진 갈등이다. 현재도 이 지역은 갈등 중이다.

5) 아프리카 북부 (   )에서는 2011년 독재자를 몰아내자는 (   ) 시

   위가 시작되었으나 시간이 흐르며 (   ) 갈등으로 번져 종파가 다른 이슬람교

   도인 수니파와 시아파의 분쟁이 되었다.

6) 인도와 파키스탄 사이에 있는 (   )도 종교 분쟁이자 영토 분쟁 지역이

   다. 중국과 일본은 센카쿠 열도 등 여러 곳에서 영토 분쟁을 벌이고 있다.

⑧ 난민을 추방하면 테러 막을 수 있을까?: 난민 문제와 반전 평화 운동

1) 분쟁이나 박해를 피해 다른 곳으로 이주하는 사람들을 (   )이라 규정한다. 국

   제 분쟁이 늘어나면서 난민 또한 늘어나고 있다. 난민들은 인근 국가의 난민촌에

   서 미래를 기약할 수 없는 삶을 살고 있다.

2) (   )은 난민 문제에 대응하기 위해 1950년 난민 기구를 만들고,

   (   )도 체결해 난민의 권리를 명문화 했다.

3) 난민이 특정 국가로 이주했을 때 그 국가의 정부는 특별한 이유 없이 난민을

   (   )할 수 없다. 또 난민이 체류하는 동안 자국민과 동등하게 공적 부조와

   (   )를 제공해야 한다.

4) 전쟁 자체를 하지 말자는 (   ) 운동은 1960년대 베트남 전쟁이 터질

   무렵 시작되었다. 미국이 베트남에서 (   )를 살포하고 (   )까지 학살했

   다는 사실이 폭로되며 청년들을 중심으로 운동이 시작되어 전 세계로 확산되었다.

5) (   ) 시대에는 핵과 대량 살상 무기의 개발을 반대하는 목소리가 더 커지면서

   반전 평화 운동도 광범위하게 전개되었다.

6) 국제 사회는 치명적인 무기의 생산을 줄이고 기존 무기는 점차 폐기하자는 (

)을 잇달아 체결했다. 핵 확산 금지 조약이나 생물 무기 금지 협약 등이다.

🅑 저개발 국가와 선진국 사이의 격차를 왜 남북문제라 할까?: 남북문제와 빈곤 · 기
   아 · 질병 문제

1) 20세기 이후 정보 통신 기술까지 발달하면서 선진국과 개발도상국 사이의
   (   )가 더 커지고 있다. 지구의 북반구에 주로 선진국이 있고 남반구
   에 개발도상국이 많기 때문에 선진국과 개발도상국 사이의 경제적 격차가 커지는
   것을 (   )라고 한다.

2) 가난한 국가의 빈곤과 기아 문제는 전 세계가 함께 해결해야 한다. 국제 연합의 전
   문기구인 (   )(IBRD), (   )
   (IMF) 등이 이 문제를 장기적으로 해결하기 위해 개발도상국을 지원하지만 획기
   적으로 식량 생산을 늘릴 수 있는 방법을 찾아야 한다.

3) (   ) 문제는 선진국과 개발도상국을 가리지 않고 미래에 큰 위협이 될 요소이
   다. 다만 똑같은 질병이라 해도 영양과 면역력이 떨어지는 저개발국가가 훨씬 위
   험하게 되어 (   )의 도움이 절대적으로 필요하다.

🅑 이산화탄소를 줄여야 하는 까닭은?: 환경 문제와 국제 협력

1) 지구는 우리뿐 아니라 미래 (   )가 살아갈 터전이다. 하지만 무분별하게 자원
   을 (   )하는 바람에 지구가 크게 훼손되고 있다.

2) 심각하게 파괴된 (   )을 보호하기 위해 프레온의 사용을 점차 금지하는
   (   )가 시행되었다.

3) 오염된 공기에는 인체에 해로운 각종 (   )이 섞인 (   )들이

떠다닌다. 대기 오염이 심각해지면 밖에서 숨 쉬는 것만으로도 병에 걸릴 수 있다.

4) 강물과 냇물도 공장 폐수나 가정용 생활하수 때문에 오염된 곳이 많아 (

)에도 대처해야 한다. 농약과 쓰레기 등으로 인한 (   ), 기

름 유출 등으로 인한 (   )도 심각하다.

5) (   )도 심각한 상황이다. 석탄, 석유 등 (   )를 사

용할 때 발생하는 (   )가 지구를 덥히는 주범이다. 지구 온난화가

계속되면 대기가 데워지면서 빙하가 녹아 해수면이 상승한다. 지금 상태로라면

2050년경 동식물의 20~30%가 멸종할 수도 있다는 우려가 나오고 있다.

6) 온난화를 막으려면 숲을 많이 만들어 나무가 공기 중의 (   )를 흡

수하게 해야 한다. 또 이산화탄소를 발생시키지 않는 (   )를 개발하

거나 자원을 (   )하는 방안을 찾아야 한다.

7) 환경오염의 결과는 지구 곳곳에서 기후 재앙으로 나타나고 있다. (

)는 환경오염을 줄이고 대책을 마련하기 위해 여러 협력 방안을 논의하고 있다.

8) '지속 가능한 개발'을 다짐한 (   ), 지구 온난화를 막기 위해 이산화

탄소 사용량을 줄이기로 1997년에 합의한 (   )를 거쳐 2007년

(   )에는 많은 나라가 참여했다.

3. 22장까지 읽은 세계 역사에 대한 감상을 간단히 써 보자.

🌏 22장 내용을 한눈에 정리해 보자.

🅑 현대 사회의 다양한 문제

1. 빈칸을 채우며 현대 사회의 다양한 문제와 해결 방안을 정리해 보자.

국제 분쟁

- ㉠(   ) 내전: 국가 내의 다양한 민족과 종교 갈등이 점차 심해지자, 가장 인구가 많았던 세르비아인 민병대가 정부와 함께 '인종 청소'라 불리는 학살극을 벌임.

- ㉡(   ) 내전: 벨기에로부터 독립한 이후 후투족과 투치족 사이에 수십 년에 걸친 내전을 벌임.

- 팔레스타인 분쟁: 이 지역에 이스라엘이 건국되면서 유대인과 아랍인 사이의 갈등이 커졌고, 중동전쟁 이후에도 여전히 분쟁과 갈등이 지속되고 있음.

- 시리아 내전: 독재자를 몰아내자는 민주화 시위로 시작하였으나 시아파와 수니파의 종교 갈등으로 변질됨.

- ㉢(   ) 분쟁: 인도와 파키스탄이 분리될 당시 이슬람교가 다수인 북서부 카슈미르 지역이 인도로 강제 편입되며 인도와 파키스탄 사이에 영토 분쟁이 지속하고 있음.

- 센가쿠 열도 분쟁 등: 식민 지배에서 벗어난 동아시아 국가들 사이의 영토 분쟁이 지속하고 있음.

↳ 대응

- 국제 연합이 평화 유지군을 파견하여 분쟁 지역에 개입.

- 핵 확산 금지 조약(NPT), 생물 무기 금지 협약(BWC) 등 대량 살상 무기 문제를 해결하기 위한 국제 조약 체결.

- 반전 평화 운동 전개.

난민 문제

- 세계 각 지역에서 내전이 발생하며 다수의 난민 발생.
- 난민 수용을 둘러싸고 테러나 일자리 문제 등 사회 갈등 발생.

↳ 대응

- 1950년에 국제 연합이 난민 기구를 창설하였고, 이후 난민 협약(1951)과 난민 의정서(1967)를 체결함.
- 2000년에 국제 연합이 6월 20일을 ㉣(   )로 지정함.

빈부 격차 문제

- 세계화가 확대되며 선진국과 개발 도상국 사이의 경제적 차이가 커지고(남북 문제) 빈곤과 기아 문제가 해결되지 않고 있음.

↳ 대응

- 경제 부흥 개발 은행(IBRD), 국제 통화 기금(IMF) 등이 개발 도상국을 지원하고 있음.

질병 문제

- 세계화 시대에는 전염병의 확산이 전 세계적 위협이 될 수 있음.

↳ 대응

- 세계 보건 기구(WTO)의 전염병 퇴치 노력, 국경 없는 의사회 등 비정부 기구(NGO) 활동 전개.

환경 문제

- 오존층 파괴, 대기 오염, 수질 오염, 지구 온난화 등 다양한 환경오염의 결과로 지구 곳곳에서 기후 재앙이 나타나고 있음.

↳ 대응

- 프레온의 사용을 점차 금지하는 몬트리올 의정서(1989년).
- '지속 가능한 개발'을 다짐한 리우 선언(1992년).
- 온실가스 감축을 약속한 ㉺(   )(1997년)와 발리 기후 변화 협약(2007년).

1. 카슈미르 분쟁의 역사적인 배경이 무엇인지 서술해 보자.

> • 인도   • 파키스탄   • 힌두교   • 이슬람교

2. 국제 난민 문제를 해결하기 위한 노력을 두 가지만 서술해 보자.

3. 다음 국제 협약들이 체결된 배경과 목표가 무엇인지 서술해 보자.

> • 몬트리올 의정서(1989년)
>
> • 리우 선언(1992년)
>
> • 교토 의정서(1997년)

01. 현대 세계가 해결해야 할 문제로 적절하지 <u>않은</u> 것은?

① 국가 간 영토 소유권 분쟁

② 인종, 종교 문제로 인한 난민 수용 문제

③ 지구 온난화로 인한 기후 변화

④ 신분 계급 갈등 심화에 따른 분열

⑤ 남반구와 북반구의 빈부격차 심화

02. 아래 내용은 현대 세계 문제 중 어떤 문제를 해결하기 위한 노력인가?

NPT   BWC   CWC

① 세계 각국 온실가스 배출 감축을 위한 노력

② 국제 무역 확대, 세계 경제 질서 확립

③ 대량 살상 무기 금지 협약

④ 원자력의 평화적 이용을 위한 국제기구

⑤ 세계 문화유산 보호 협약

정답 및 해설

Chapter 12-1

책을 읽기 전에

* 예시 답 생략

[해설] 제시된 차례와 본문 내용을 훑어보며 2회에 나눠 읽기에 좋은 부분이 어디까지일지 생각해 본다.

책을 읽으며

1. 예시 답 생략

[해설] 소제목 단위로 읽기로 정한 부분을 읽으며 중요하다 싶은 내용에 밑줄을 쳐 본다. 읽은 후 문제로 나올 만한 내용을 찾는다는 느낌으로 중요한 내용을 생각해 본다.

2. [해설] 스스로 읽으며 밑줄 친 내용과 일치하는지, 어떤 내용이 빈칸으로 제시되었는지 생각하며 읽는다.

㉰ 입헌 군주제는 어떻게 시작되었나?: 청교도 혁명과 명예혁명

1) 상인, 제조업자

2) 귀족, 대헌장

3) 의회, 청교도, 권리 청원

4) 청교도, 의회파, 크롬웰

5) 항해, 왕정

6) 권리 장전, 입헌 군주제, 의원 내각제

7) 명예혁명, 권리 장전

㉰ 북미 식민지 주민이 차 상자를 바다에 버린 까닭은?: 미국 혁명의 시작

1) 영국, 13

2) 프랑스, 세금, 차

3) 보스턴 차, 대륙, 독립

㉰ 삼권 분립의 원칙을 최초로 적용한 나라는?: 미국, 최초의 민주 공화국 수립

1) 미국, 프랑스, 파리

2) 연방제, 국민, 삼권

3) 민주, 프랑스, 독립

㉰ 파리 시민들은 왜 바스티유 감옥을 습격했을까?: 계몽사상과 프랑스 혁명 발발

1) 삼부회, 3

2) 세금, 국민 의회, 테니스코트

3) 시민, 바스티유, 프랑스 혁명

4) 기본권, 주권, 헌법

㉰ 파리 시민들은 왜 공화정에 등을 돌렸을까?: 프랑스 혁명의 전개와 결말

1) 입법, 프로이센, 오스트리아

2) 왕궁, 로베스피에르, 국민 공회

3) 보통, 영국, 오스트리아

4) 공포, 총재, 나폴레옹

5) 통령, 제1 통령, 국민 교육

6) 국민투표, 황제

㉰ 왜 나폴레옹은 신성 로마 제국을 해체했을까?: 나폴레옹 전쟁과 프랑스 혁명 이념의 전파

1) 나폴레옹

2) 영국, 오스트리아, 신성 로마 제국

3) 라인, 이탈리아, 대륙봉쇄령

4) 러시아, 파리, 나폴레옹

5) 자유, 평등, 민족

🅑 루이 필립은 왜 '시민의 왕'이라 불렸을까?:
빈 체제와 프랑스 자유주의 혁명

1) 빈, 프랑스 혁명

2) 자유, 민족

3) 메테르니히, 오스트리아

4) 왕정, 의회, 시민

5) 입헌 군주, 7월 혁명, 2월 혁명

6) 제2 공화정, 민족주의, 국민 국가

7) 나폴레옹, 공화정

3. 예시 답 생략

[해설] 17~19세 초반 영국 혁명부터 빈 체제
성립까지 수많은 사건이 일어나는 유럽과 아
메리카의 역사를 기억하는 데 필요한 핵심어
를 떠올리거나 메모하고 스스로 설명해 본다.

한눈에 보기

1. ㉠ 청교도, ㉡ 권리 청원, ㉢ 의회파, ㉣ 크롬
웰, ㉤ 권리장전

2. ㉠-③, ㉡-①, ㉢-②, ㉣-④

3. ㉠ 미국 혁명, ㉡ 삼부회, ㉢ 테니스코트, ㉣ 바
스티유 감옥, ㉤ 로베스피에르, ㉥ 국민 국가

4. ㉠ 부르봉, ㉡ 공화정, ㉢ 제정

역사 논술

1. • 찰스 1세는 권리 청원에 서명하지 않고 의

회를 강제로 해산해 버렸다. → 찰스 1세는 처
음에 의회의 기세가 너무 강했기 때문에 일단
권리 청원에 서명했다가 1년 후에 의회를 강
제로 해산했다.

• 전쟁은 왕당파의 승리로 끝났고, 왕당파를
이끌었던 크롬웰은 찰스 1세를 처형하고 왕위
에 올랐다.

→ 전쟁은 의회파의 승리로 끝났고, 왕당파를
이끌었던 크롬웰은 찰스 1세를 처형하고 공화
정을 수립했다.

2. 영국은 왕과 의회가 서로의 명예를 존중하고
유혈 충돌 없이 시민 혁명에 성공하였기 때문
에 이 혁명을 명예혁명이라고 부른다.

3. 미국은 영국의 지배를 물리치고 시민의 힘으
로 민주주의를 얻어냈다. 미국 독립 선언문에
서도 밝히고 있는 것처럼 인간의 권리에 대한
의식을 담고 주권이 국민에게 있음을 명확히
하였다. 이러한 미국의 독립은 국민들의 인권
을 신경 쓰지 않고 사치만 일삼는 왕정에 대한
분노로 이어졌고, 프랑스 혁명으로 이어지게
되었다.

[참고] 미국 독립 선언문의 내용이나 미국 독
립과 프랑스 혁명 사이의 인과관계가 책에 구
체적으로 서술되어 있지는 않다. 독립 선언문
의 내용을 읽어 보고, 인권 의식의 성장과 사
회계약설에 대한 내용을 추론하여 인과관계를
짐작해 보도록 한다.

4. 나폴레옹은 전쟁을 통해 유럽 대륙을 대부분
장악했지만 바다 건너에 있는 영국은 제압하
지 못했다. 유럽 대륙의 나라들이 영국과 교역
을 못하도록 항구를 막아 버려서 영국을 고립

시키기 위해 취한 나폴레옹의 정책을 대륙봉쇄령이라고 한다.

5. 프랑스와의 전쟁을 겪는 과정에서 유럽에 프랑스 혁명의 이념인 자유주의가 확산하였다. 또한 프랑스의 지배에 대항하는 과정에서 각 나라에서는 민족주의가 발달했다. 자유주의와 민족주의가 확산하면서 중세에는 볼 수 없었던 형태인 국민 국가가 등장하게 되었다.

실력 키우기

01. [정답] ②

[해설] ⓛ 대헌장(1215) - ② 권리청원(1628) - ⓜ 청교도혁명(1642~1649) - ㉠ 왕정복고(1660) - ⓒ 권리장전(1689)

02. [정답] ⑤

[해설] 영국의 명예혁명은 미국의 독립 선언과 프랑스 인권 선언에 영향을 미쳤다. 영국은 이후 입헌 군주제에 이어 18세기 초에는 의원 내각제를 도입하기도 했다. 자유방임주의는 애덤 스미스가 《국부론》에서 주장한 것으로, '보이지 않는 손'에 의한 자유 경제 활동을 보장하기 위해 국가가 통제하지 말 것을 주장했다.

03. [정답] ④

[해설] 제3신분인 시민 계급은 정치에 참여할 수 없었고 일체의 권리를 보장받지 못한 채 세금 납부의 의무를 지고 있었으므로, 정치적 권리를 일보 보장받으며 정계에 진출했다는 설명은 옳지 않다.

04. [정답] ④

[해설] 로베스피에르가 공포정치를 한 시기는 ②에 해당한다. 나폴레옹이 대륙봉쇄령을 내린 시기는 통령정부 이후이므로 ③에 해당한다. 자유주의와 민족주의가 유럽으로 확산한 시기는 빈 체제 이후인 ④,⑤ 시기에 해당한다. 루이 필립을 '시민의 왕'으로 추대한 때는 국민국가가 수립되기 전인 입헌 군주제 시기이므로 ④에 해당한다.

05. [정답] ⑤

[해설] 보기에서 설명하는 사건은 미국의 독립전쟁이다. 독립전쟁에는 영국과의 식민지 경쟁에서 밀렸던 프랑스, 러시아, 네덜란드, 에스파냐 등 유럽의 여러 나라가 아메리카 식민지 군대에 자금을 지원했다.

Chapter 12-2

책을 읽기 전에

* 예시 답 생략

[해설] 제시된 차례와 본문 내용을 훑어보며 한 번에 읽을지, 나눠 읽을지, 나눠 읽는다면 어떻게 나눠 읽을지 읽기 전에 생각해 본다.

책을 읽으며

1. 예시 답 생략

[해설] 소제목 단위로 읽기로 정한 부분을 읽으며 중요하다 싶은 내용에 밑줄을 쳐 본다. 읽은 후 문제로 나올 만한 내용을 찾는다는 느

껌으로 중요한 내용을 생각해 본다.

2. [해설] 스스로 읽으며 밑줄 친 내용과 일치하는지, 어떤 내용이 빈칸으로 제시되었는지 생각하며 읽는다.

Ⓑ 영국에선 왜 혁명이 일어나지 않았을까?: 영국 자유주의 운동과 경제 발전
1) 영국, 가톨릭교, 아이
2) 남자, 인민, 차티스트
3) 노동자, 남자, 여자
4) 곡물법, 항해법, 자유주의

Ⓑ 독일은 왜 파리에서 독일 제국 건설을 선포했을까?: 민족주의 확산과 이탈리아와 독일의 통일
1) 이탈리아, 사르데냐, 가리발디, 베네치아
2) 프로이센, 게르만, 관세, 오스트리아
3) 비스마르크, 프로이센, 북독일
4) 베르사유, 독일

Ⓑ 러시아의 차르는 왜 암살되었을까?: 러시아의 개혁과 국민 국가의 확립
1) 표트르, 군주제
2) 오스만, 크림
3) 농노, 브나로드

Ⓑ 인디언이 이동한 길을 왜 '눈물의 길'이라고 할까?: 미국 영토 확대와 남북 전쟁
1) 프랑스, 에스파냐, 러시아
2) 아메리카 원주민, 인디언 이주법
3) 반대, 찬성
4) 링컨, 남부 연합, 북부
5) 경제 대국, 대륙 횡단
6) 동유럽, 중국, 이민자

Ⓑ 볼리비아란 나라는 누구의 이름에서 비롯되었을까?: 라틴 아메리카의 독립 열풍
1) 에스파냐, 포르투갈, 라틴 아메리카
2) 아이티, 아프리카, 흑인 공화국
3) 크리오요, 볼리바르, 에스파냐, 볼리비아
4) 아르헨티나, 멕시코
5) 브라질
6) 영국, 미국, 먼로주의
7) 원주민, 혼혈, 쿠데타, 전쟁
8) 쿠바, 파나마 운하, 영국

3. 예시 답 생략
[해설] 12장 후반부 내용에서 다루는 유럽과 아메리카의 역사에서 중요한 핵심어나 내용을 생각해 자신의 말로 스스로 설명해 본다.

한눈에 보기

1. ㉠ 차티스트, ㉡ 항해법, ㉢ 사르데냐, ㉣ 비스마르크, ㉤ 브나로드
[해설] 보수주의적인 체제였던 빈 체제 성립 이후에 오히려 유럽에서는 활발한 국민 국가 건설 운동이 전개되었다.

2. ㉠ 13, ㉡ 알래스카

3.

	북부	남부
자연 환경	철과 석탄 등 자원이 풍부	광활한 대농장
산업 발달	공업	농업
선호하는 무역 형태	보호무역	자유무역
노예제	반대	찬성

㉠ 링컨, ㉡ 북부, ㉢ 대륙 횡단

4. ㉠ 아이티, ㉡ 볼리바르, ㉢ 산마르틴, ㉣ 멕시코, ㉤ 브라질

1. 영국의 차티스트 운동은 노동자를 포함한 21
세 이상의 모든 남자에게 선거권을 주고 비밀
투표를 실시하자는 내용을 담고 있다. 이와 같
은 주장을 담은 인민헌장에 서명하는 운동을
벌인 결과 선거권 확대에 대한 내용을 담은 2
차 선거법 개정안이 통과되었다.

[해설] 차티스트 운동은 영국의 1차 선거법 개
정과 2차 선거법 개정 사이에 벌어진 운동이
다. '2차 선거법 개정'이라는 용어를 사용하지
않았더라도, 차티스트 운동이 선거권 확대라
는 결과를 가져왔다는 내용을 서술했다면 정
답으로 인정한다.

2. 노예제는 **폐지**되어야 한다. 국내 공업을 육성
하려면 유럽 제품의 수입을 규제하고 제품의
생산성도 높여야 하는데, 노예들에게 자유를
주고 그들에게 저렴한 임금을 주고 공장에서
일할 수 있게 한다면 상공업도 크게 발전하고
미국의 경제도 성장할 것이다.

3. 베네수엘라 출신의 크리오요인 볼리바르는 라
틴 아메리카를 에스파냐로부터 독립시키기 위
해 군대를 이끌고 독립 투쟁을 벌였다. 베네수
엘라, 콜롬비아, 에콰도르, 페루, 볼리비아를
해방시켰다. 볼리비아의 국가 이름은 볼리바
르의 업적을 기리기 위해 그의 이름을 따서 지
어진 것이다. 식민 지배를 받던 라틴 아메리카
의 독립을 위해 일생을 바친 볼리바르는 '라틴
아메리카의 해방자'라고도 불린다.

01. [정답] ④

[해설] 〈보기〉의 글은 영국에 대한 설명이
다. 영국은 가톨릭에 대한 종교의 자유도 인
정했고, 귀족과 젠트리에게만 부여됐던 선
거권을 자본가와 중산 계급까지 확대했다.
차티스트 운동은 21세 이상의 모든 남자에
게 선거권을 달라는 서명운동으로 10년 이
상 계속되었지만, 여성들에게까지 선거권
이 인정되지는 않았다.

02. [정답] ⑤

[해설] ①빈 체제를 이끌었던 메테르니히는
추방되었고 ②사르데냐 왕국은 이탈리아
통일의 주역이었다. ③사르데냐 왕국은 오
스트리아를 견제하는 데 프랑스를 끌어들
였고 ④독일에서는 프랑스 혁명에 영향을
받아 프랑크푸르트 의회를 열었지만, 통일
국가를 이루는 데는 실패했다. ⑤프로이센
은 게르만 국가들끼리 관세를 철폐하고 자
유무역을 하는 관세동맹을 실시하여 경제
적 독립을 이루었다.

03. [정답] 러시아

04. [정답] ④

05. [정답] ①

[해설] 대농장을 소유한 남부에서는 목화를
유럽으로 수출하기 위해 노예제 폐지를 반
대했고 정부의 간섭이 거의 없는 자유무역
을 지지했다.

06. [정답] ⑤

[해설] 크리오요 후손들은 자신들이 얻은 특권을 포기하지 않고 흑인, 원주민들에 대한 차별을 이어나갔다.

Chapter 13

책을 읽기 전에

* 예시 답 생략

[해설] 본문을 읽으며 자연스레 알게 되는 용어들이지만 미리 알아두면 책 읽기가 수월해지므로 미리 알아본다.

책을 읽으며

1. 예시 답 생략

[해설] 소제목 단위로 읽기로 정한 부분을 읽으며 중요하다 싶은 내용에 밑줄을 쳐 본다. 읽은 후 문제로 나올 만한 내용을 찾는다는 느낌으로 중요한 내용을 생각해 본다.

2. [해설] 스스로 읽으며 밑줄 친 내용과 일치하는지, 어떤 내용이 빈칸으로 제시되었는지 생각하며 읽는다.

🅑 공터에 울타리를 두른 까닭은?: 산업 혁명의 시작과 전개
 1) 기계, 산업 혁명
 2) 자본, 기술, 식민지
 3) 모직물, 인클로저, 도시, 노동자
 4) 면직물, 대량
 5) 증기 기관, 생산량
 6) 증기 기관차, 증기선

🅑 자본주의의 3대 요소는 무엇일까?: 산업 혁명의 확산과 자본주의의 발전
 1) 프랑스, 섬유, 미국, 공업국
 2) 독일, 러시아
 3) 산업, 자본주의
 4) 자본가, 노동자, 시장
 5) 국부론, 국가, 자유방임주의
 6) 만국 박람회, 수정궁

🅑 노동자들은 왜 기계를 부쉈을까?: 자본주의 발전에 따른 사회 문제의 발생
 1) 공황, 가격, 일자리
 2) 일자리, 러다이트
 3) 노동조합, 근로 조건
 4) 사회주의, 노동자, 분배
 5) 노동자, 러시아

🅑 낭만주의는 왜 계몽주의를 배격했을까?: 19세기의 과학과 예술
 1) 다윈, 유전, X선, 퀴리
 2) 카메라, 에디슨
 3) 헤겔, 콩트
 4) 낭만주의, 쇼팽
 5) 사실주의, 자연주의
 6) 인상, 인상파

🅑 다윈의 진화론이 제국주의 이념이 되었다?: 제국주의의 등장과 확대
 1) 자본주의, 식민지
 2) 제국주의, 사회 진화론
 3) 영국, 프랑스, 독일, 미국, 러시아
 4) 영국, 프랑스, 파쇼다 사건
 5) 독일, 3B
 6) 일본, 타이완

⊕ 열강이 중국을 노린 까닭은 뭘까?: 제국주의 열강의 아시아와 아프리카 침략

1) 인도, 청/중국, 영국

2) 인도, 미얀마, 아프가니스탄

3) 프랑스, 베트남, 인도네시아, 미국, 시암/타이

4) 노동력, 플랜테이션

5) 오스트레일리아, 태평양

6) 베를린, 아프리카, 에티오피아

3. 예시 답 생략

[해설] 13장 내용을 생각하며 궁금한 점과 그에 대한 의견을 정리해 본다. 궁금증을 해결하기 위해 다른 자료를 찾아보는 것도 좋겠다.

한눈에 보기

1. ㉠ 인클로저, ㉡ 방적기, ㉢ 증기기관, ㉣ 일본, ㉤ 산업 사회

2. ㉠ 국부론, ㉡ 자유방임주의, ㉢ 러다이트, ㉣ 사회주의

[해설] 국가의 개입을 최소화하는 자유방임주의는 19세기의 대중적 견해였다. 이 사상에서 국가의 이상적인 모습은 방관자적 입장이 아니라 심판으로서 역할을 강조하기는 야경국가이다. 20세기에 보이지 않는 손으로도 해결되지 않는 세계적 대공황 시기에는 국가의 적극적 개입을 주장하는 사람들이 증가하기도 하였다.

3. ㉠ 진화론, ㉡ 에디슨, ㉢ 헤겔, ㉣ 낭만주의

4. ㉠ 자본주의, ㉡ 공황, ㉢ 식민지, ㉣ 사회 진화론

5-1) ㉠ 동인도 회사, ㉡ 인도차이나, ㉢ 타이

5-2) ㉠ 베를린, ㉡ 라이베리아, ㉢ 에티오피아

[해설] 5-2) ㉡ 라이베리아, ㉢ 에티오피아 순서는 서로 바뀌어도 무관하다.

역사 논술

1. 인클로저 운동의 결과로 많은 농민이 농지를 잃고 도시로 떠나 임금을 받는 노동자가 되었다. 다른 나라보다 쉽게 노동자를 확보할 수 있었던 영국은 산업 혁명이 더욱 빠르게 진행될 수 있었다.

2. • 명예혁명 이후 정치적으로 안정되어 있었다.

• 철, 석탄 같은 풍부한 지하자원이 매장되어 있었다.

• 일찍부터 모직물 공업이 발달하여 충분한 자본과 기술 축적되어 있었다.

• 식민지 개척으로 값싸게 원료를 들여오고, 제품을 판매할 시장이 확보되어 있었다.

• 인클로저 운동의 결과로 도시 노동자를 쉽게 확보할 수 있었다.

[해설] 이상의 내용 가운데 세 가지를 골라 서술하면 된다.

3. 카를 마르크스는 대다수의 노동자가 생산한 이익을 소수의 자본가가 대부분 가져가는 것이 부당하기 때문에, 노동자들이 혁명을 일으켜 자본가들을 타도해야 한다고 주장했다.

[해설] 카를 마르크스는 자본가들이 이익을 독차지하려는 욕심 때문에 많은 노동자가 불행하다고 진단하고 사회주의를 주장하였다. 사회주의 사상은 유럽 여러 나라로 빠르게 확산

되었다.

4. 식민지를 확보하면 대량으로 생산한 제품을 식민지에 가져다 팔 수 있고, 제품의 원료도 값싸게 얻을 수 있다. 또한 신민지에 새로운 사업을 만들고 자본을 투자해 돈을 벌 수 있다. 국내의 실업문제를 해결하고 넘치는 인구를 식민지로 분산시킬 수 있다.

5. 이 사상을 사회진화론이라고 한다. 사회진화론은 열강들의 사회를 우수한 것으로, 아프리카와 아시아 사회를 열등한 사회로 규정하고, 우월한 열강이 식민지를 지배하는 것이 당연한 것이라고 정당화하며 제국주의 열강들의 식민지 확대를 더욱 불붙였다.

6. 아프리카 내륙에 막대한 양의 천연자원이 매장되어 있다는 사실이 밝혀지자 유럽 열강들은 본격적으로 아프리카를 식민지로 삼기 위해 눈독을 들였다. 벨기에가 콩고를 자기 땅이라고 선언하자 다른 열강들이 이에 반발하였고, 아프리카 문제를 원만히 해결하자는 명목으로 베를린 회의가 소집되었다. 유럽 열강들은 베를린 회의에서 아프리카를 임자 없는 땅으로 규정하고, 선교사이든 무역상이든 누구나 먼저 점령한 사람이 그 땅에 대한 소유권을 갖기로 결정했다.

7. 서구 열강들이 자기들 마음대로 식민지 영토를 분할하여 차지하였기 때문에 아프리카 지도에서 국경선이 일직선으로 그어진 나라가 많이 보인다. 아프리카의 지형, 문화와 종교는 전혀 배려하지 않고 국경선을 나누었기 때문에 오늘날까지도 분쟁이 일어나고 있는 지역이 많다.

8. 19세기 말은 제국주의 열강의 식민지 확대가 급속도로 이루어지던 시기였다. 라이베리아와 에티오피아는 아프리카에서 식민 지배를 당하지 않고 독립을 유지했던 국가들이다. [해설] 라이베리아는 미국에서 해방된 노예들을 중심으로 건국되어 미국의 후원을 받았고, 에티오피아는 메넬리크 2세의 근대화 노력과 열강에 대한 투쟁으로 식민 지배를 피할 수 있었다. 아프리카 지역에서는 라이베리아와 에티오피아가, 아시아 지역에서는 시암(타이)만 유일하게 제국주의 열강의 식민 지배를 받지 않았다.

실력 키우기

01. [정답] ②
[해설] 인클로저 운동으로 농지를 잃은 농민들이 도시로 몰려들어 값싼 노동력을 제공하였기 때문에 산업혁명이 일어날 수 있는 여건이 마련되었다.

02. [정답] ③
[해설] ㄴ. 노동자들의 임금은 매우 낮은 수준이었고 환경오염도 극심했다. 또한 노동 환경이 열악하여 삶의 질도 떨어졌다.
ㄹ. 농장을 개간하여 울타리치기 운동(인클로저 운동)이 일어난 것은 산업혁명이 일어난 배경으로 볼 수 있다.

03. [정답] ④
[해설] 허버트 스펜서의 사회진화론은 제국주의 열강에 악용되어 침략 행위를 정당화하는 데 사용되었다.

04. [정답] 영국-뉴질랜드, 인도 / 프랑스-인도
차이나반도 / 독일-마셜제도 / 네덜란드-인
도네시아 / 미국-필리핀 / 포르투갈-브라질
[해설] 필리핀은 에스파냐의 식민 지배를 받
다 미국의 지배를 받게 되었다.

05. [정답] ㉠ 3C ㉡ 독일 ㉢ 프랑스 ㉣ 파쇼다

Chapter 14

책을 읽기 전에

＊ 예시 답 생략
[해설] 14장에서 만나게 된 오스만 제국과 인
도가 어떤 시기를 보내게 될지 13장 내용을 참
고하여 짐작해 본다.

책을 읽으며

1. 예시 답 생략
[해설] 소제목 단위로 읽기로 정한 부분을 읽
으며 중요하다 싶은 내용에 밑줄을 쳐 본다.
읽은 후 문제로 나올 만한 내용을 찾는다는 느
낌으로 중요한 내용을 생각해 본다.

2. [해설] 스스로 읽으며 밑줄 친 내용과 일치하
는지, 어떤 내용이 빈칸으로 제시되었는지 생
각하며 읽는다.

㉿ 오스만 청년 장교들은 왜 혁명을 일으켰을
까?: 오스만 제국의 개혁과 혁명
1) 러시아, 오스만 제국
2) 그리스, 이집트
3) 탄지마트, 프로이센
4) 입헌 군주제, 헌법, 전제 정치
5) 청년 튀르크당, 술탄
6) 튀르크 민족주의, 아랍 민족주의

㉿ 수에즈 운하가 이집트의 소유가 되지 못한 까
닭은?: 이집트 및 아프리카의 근대화 운동과
민족 운동
1) 이집트, 나폴레옹, 영국
2) 수에즈, 영국
3) 군부, 1914, 영국
4) 이집트, 수단
5) 에티오피아, 이탈리아
6) 실패

㉿ 아랍 민족이 오스만 제국의 술탄을 반대한 까
닭은?: 아라비아 국민 국가 건설 운동과 이란
혁명
1) 와하브, 칼리프
2) 사우디아라비아, 아랍 고전 문화, 아랍어
3) 페르시아, 사파비, 카자르
4) 러시아, 이란
5) 담배 불매 운동, 저항 운동
6) 차관, 영국, 러시아

㉿ 인도의 면직물 산업은 왜 몰락했을까?: 세포
이의 항쟁과 영국의 인도 병합
1) 무굴 제국, 영국, 프랑스
2) 아우랑제브, 벵골
3) 플라시, 영국
4) 면화, 인도, 면직물
5) 개종, 이슬람교도
6) 세포이의 항쟁, 북인도, 반영 민족
7) 총독, 영국령, 황제

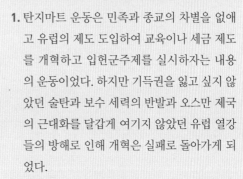

ⓑ 영국은 왜 벵골을 분할하려 했을까?: 인도 국
　민 회의의 반영 운동

　1) 지식인, 종교, 브라모 사마지

　2) 인도 국민 회의, 민족 운동

　3) 벵골 분할령, 종교

　4) 콜카타, 스와데시, 스와라지

　5) 영국, 자치

ⓑ 타이가 식민지가 되지 않을 수 있었던 비결
　은?: 동남아시아의 국민 국가 건설 운동

　1) 베트남, 인도차이나반도

　2) 미얀마, 네덜란드, 미국

　3) 동남아시아, 플랜테이션

　4) 베트남, 인도네시아, 에스파냐

　5) 타이, 실리 외교

3. 예시 답 생략

　[해설] 14장에서 만난 오스만 제국, 인도, 동남
아시아의 19세기 역사를 간단히 정리해 본다.

한눈에 보기

1. ㉠ 러시아, ㉡ 그리스, ㉢ 이집트, ㉣ 슬라브

[해설] 유럽 열강이었던 영국과 프랑스, 러시
아의 사이에 끼어 오스만 제국은 점차 세력을
잃고 영토가 축소되었다. 18~20세기 지도를
함께 비교하며 당시 오스만 제국의 역사를 살
펴본다.

2. ㉠ 탄지마트, ㉡ 청년 튀르크당, ㉢ 수에즈, ㉣
이탈리아, ㉤ 와하브, ㉥ 카자르

3. ㉠ 플라시, ㉡ 세포이, ㉢ 벵골, ㉣ 타이

역사 논술

1. 탄지마트 운동은 민족과 종교의 차별을 없애
고 유럽의 제도 도입하여 교육이나 세금 제도
를 개혁하고 입헌군주제를 실시하자는 내용
의 운동이었다. 하지만 기득권을 잃고 싶지 않
았던 술탄과 보수 세력의 반발과 오스만 제국
의 근대화를 달갑게 여기지 않았던 유럽 열강
들의 방해로 인해 개혁은 실패로 돌아가게 되
었다.

[해설] 술탄, 오스만 제국의 보수 세력, 유럽 열
강의 이해관계 때문에 개혁이 실패로 돌아갔다.

2. 수에즈 운하는 세계에서 가장 긴 운하로, 지중
해와 홍해를 잇는 대단히 중요한 위치에 있다.
이 운하를 만드는 과정에서 많은 공사비가 들
었는데, 돈이 부족했던 이집트는 영국과 프랑
스에 의존하여 건설을 진행했다. 재정이 악화
된 이집트가 수에즈 운하 주식을 내놓자 영국
이 이 주식을 몽땅 사들였고, 결국 영국이 수
에즈 운하를 소유하게 되었다.

3. 이슬람교의 타락과 형식주의를 비판한 와하
브 운동은 처음에는 종교 개혁 운동으로 시작
하였으나 점차 민족주의 운동으로 바뀌어 갔
다. 와하브 운동은 아랍인의 민족의식을 일깨
우고 아랍 고전 문화를 적극적으로 연구하는
등 문화를 부흥시키는 계기가 되었다. 또한 이
운동을 후원하던 사우디 가문은 와하브 운동
의 이념을 건국이념으로 삼아 사우디아라비
아라는 나라를 세우게 되었다.

[해설] 와하브 운동은 1700년대인 18세기 중
반부터 시작되어 꾸준히 이어져 왔다. 1932년

제3차 와하브 왕국을 세운 것이 사우디아라비아 왕국으로 발전하였다.

4. 벵골은 인도의 경제 중심지였으며 영국의 식민 통치에 강하게 반발한 곳이기도 했다. 이곳을 분할하여 저항 세력을 약하게 만들려고 했던 영국에 반발하여 인도 국민 회의가 4대 강령을 채택했다. 인도 국민 회의는 콜카타에서 대회를 갖고 영국 제품 불매, 국산품 애용(스와데시), 자치 획득(스와라지), 민족 교육을 내세웠다. 인도인의 투쟁에 영국은 결국 무릎을 꿇고 벵골 분할령을 취소하였으며 인도의 명목상 자치를 허용하였다.

실력 키우기

01. [정답] ①
[해설] 보기에서 설명하고 있는 것은 와하브 운동으로, 오스만 제국의 술탄이 이슬람 세계의 지배자 역할을 하는 것에 반대하며 일어난 운동이다. 이 운동으로 술탄의 종교적 권위를 무너뜨렸다.

02. [정답] ③
[해설] ㄹ. 튀르크 민족주의 불러일으킨 것은 청년 튀르크당 혁명이다.

03. [정답] ③
[해설] 카자르 왕조는 담배 독점 판매권을 영국에 넘겼다.

04. [정답] ④
[해설] ④ 무함마드 알리는 이집트의 총사령관으로 19세기초 이집트의 근대화를 추진했던 인물이다.

05. [정답] ④
[해설] ㉠은 미얀마, ㉡은 태국, ㉢은 캄보디아, ㉣ 베트남, ㉤ 말레이시아, ㉥ 인도네시아, ㉦ 필리핀을 가리킨다.

Chapter 15

책을 읽기 전에

* 예시 답 생략
[해설] 앞에서 읽은 인도나 동남아시아, 아프리카 여러 나라가 겪은 상황을 참고하여 제시된 질문의 답을 생각하며 19세기 말~20세기 초반 중국, 일본, 조선의 상황을 짐작해 본다.

책을 읽으며

1. 예시 답 생략
[해설] 소제목 단위로 읽기로 정한 부분을 읽으며 중요하다 싶은 내용에 밑줄을 쳐 본다. 읽은 후 문제로 나올 만한 내용을 찾는다는 느낌으로 중요한 내용을 생각해 본다.

2. [해설] 스스로 읽으며 밑줄 친 내용과 일치하는지, 어떤 내용이 빈칸으로 제시되었는지 생각하며 읽는다.

❽ 영국은 왜 중국에 아편을 팔았을까?: 아편을 매개로 한 삼각 무역
  1) 광저우, 공행
  2) 차, 비단, 은
  3) 삼각 무역, 인도, 아편, 중국
  4) 임칙서

ⓑ 치외 법권은 왜 불평등 조약일까?: 아편 전쟁
　의 발발과 중국의 개항

1) 아편 전쟁, 청, 난징 조약

2) 홍콩, 자유화, 치외 법권, 불평등

3) 적자, 국기, 애로호 사건

4) 프랑스, 2차 아편 전쟁, 톈진 조약

5) 베이징 조약, 주룽반도, 연해주

ⓑ 태평천국 운동에 여성 참여자가 많았던 까닭
　은?: 태평천국 운동과 양무운동

1) 전쟁 배상금, 세금, 농민

2) 태평천국, 멸만흥한

3) 토지 개혁, 전족

4) 지방 관료, 신사

5) 한인, 양무운동, 부국강병

ⓑ 캉유웨이는 왜 변법자강 운동을 추진했을까?:
　변법자강 운동과 의화단 운동

1) 중국, 서양, 중체서용

2) 청일 전쟁

3) 랴오둥, 타이완

4) 메이지 유신, 입헌 군주제, 변법자강

5) 서태후, 100일

6) 부청멸양, 의화단, 서태후, 신축조약

ⓑ 위안스카이가 청 왕조를 멸망시킨 이유는?:
　신해혁명과 중화민국의 수립

1) 쑨원, 정부

2) 광저우, 중국 동맹회

3) 삼민주의, 태평천국

4) 철도, 우창, 신해혁명

5) 쑨원, 중화민국, 위안스카이

6) 혁명 세력, 국민당

ⓑ 일본인들이 돈가스를 먹기 시작한 이유는?:

일본의 개항과 메이지 유신

1) 페리 제독, 화친 조약, 수호 통상 조약

2) 미국, 불평등

3) 존왕양이, 막부 타도

4) 메이지 유신, 신분제

5) 중국, 서양 기술, 사절단

6) 민주주의, 정부, 왕

ⓑ 일본은 왜 운요호 사건을 일으켰을까?: 일본
　의 조선 침략과 청일 전쟁

1) 팽창 정책

2) 운요호, 강화도

3) 군대, 청, 시모노세키 조약, 랴오둥, 타이완

4) 중국, 경공업, 중공업

ⓑ 일본이 러시아와 전쟁을 벌인 까닭은?: 일본
　의 제국주의적 침략과 러일 전쟁

1) 러시아, 삼국 간섭

2) 조선, 영·일 동맹, 러일 전쟁

3) 미국, 포츠머스, 사할린

4) 을사늑약, 식민지

ⓑ 조선이 근대화 운동을 위해 설립한 기구는?:
　조선의 근대화 운동 및 국민 국가 건설 운동

1) 강화도 조약, 일본

2) 통리기무아문, 별기군, 사절단

3) 임오군란, 내정 간섭

4) 갑신정변, 3일

5) 개항, 동학 농민

6) 청일 전쟁, 갑오개혁, 명성황후

7) 아관파천, 대한 제국, 광무개혁

8) 민중 계몽, 해산

9) 1910, 병합

3. 예시 답 생략

　[해설] 15장에서 읽은 중국, 일본, 조선의 20세기 전후 역사를 간단히 정리해 본다.

1. ㉠ 인도, ㉡ 난징, ㉢ 애로호, ㉣ 베이징

2. ㉠ 태평천국, ㉡ 양무, ㉢ 변법자강, ㉣ 의화단, ㉤ 신해

　[멸만흥한], [중체서용], [부청멸양]

　[해설] 멸만흥한은 청의 지도부인 만주족을 멸하고 한족을 부흥시킨다는 의미이다. 중체서용은 중국의 제도와 문화는 그대로 유지하되 서양의 기술만 받아들인다는 의미이다. 부청멸양은 청을 부흥시키고 서양을 멸한다는 의미이다. 태평천국 운동과 의화단 운동은 모두 민중이 중심이 된 사회운동이었으나 청 정부에 대한 인식에서 가장 큰 차이가 있다.

3. ㉠ 미일 수호 통상 조약, ㉡ 메이지 유신, ㉢ 동학 농민 운동, ㉣ 러시아

　[해설] 서구 열강과의 개항 이후 빠르게 근대화에 성공한 일본은 적극적인 대외 팽창 정책을 벌였다. 청일 전쟁과 러일 전쟁을 통해 동아시아의 강자로 떠오른 일본은 한반도를 넘어 만주까지 영향력을 뻗쳐가기 시작하였다.

4. ㉠ , ㉡ , ㉢ , ㉣

1. 영국에 패한 청은 불평등한 조건으로 난징 조약을 체결하였다. 홍콩을 영국에 할양하였고, 상하이를 포함한 5개의 항구를 강제로 개항했다. 또한 영국인이 청에서 범죄를 저질러도 중국 정부가 처벌할 수 없고 영국에서 재판을 받을 권리를 보장해 주는 치외 법권을 허용하였고, 영국을 최혜국으로 대우해 준다는 내용을 담았다. 난징 조약 이후에 청은 다른 열강들과도 잇달아 조약을 체결하고 문호를 개방하게 되었다.

2. 태평천국 운동과 의화단 운동은 모두 민중이 주도하여 이루어진 개혁 운동이라는 공통점이 있다. 하지만 태평천국 운동은 청을 배격하고 사회를 개혁하자는 멸만흥한을 내세웠고, 의화단 운동은 서양 세력에 반대하고 청을 다시 부흥시키자는 의미를 담은 부청멸양을 외치며 선교사나 교회 등을 공격했다.

　[해설] 초기에 태평천국 운동은 멸만흥한만 외쳤으나 2차 아편 전쟁 이후에는 외세를 몰아내자는 구호가 함께 나왔다. 이러한 내용을 들어 외세를 배격했다는 공통점을 서술해도 정답으로 인정한다.

3. 청은 아편 전쟁과 청일 전쟁 이후 열강에 막대한 배상금을 물어 주어야 했다. 청 정부는 배상금을 마련하기 위해 세금을 더 올렸고 각 지방에서 관리하는 철도 운영권까지 거두어들였다. 당시 중국 민중은 자발적으로 성금을 내 철도를 건설하여 열강에 빼앗긴 이권을 되찾아오려고 했는데, 이 철도를 국유화하겠다고 정부가 선언하자 민중들이 혁명을 일으킨 것이다.

　[해설] 청 말기 내부 정치의 불안으로 농민들

의 삶은 계속해서 나빠져 갔다. 여기에 더해 열강으로부터 받은 피해를 고스란히 백성들에게 돌리고 황실은 기득권을 내려놓지 않으려 했기 때문에 결국 혁명이 일어나 청이 무너지게 되었다.

4. 변법자강 운동을 이끈 캉유웨이·량치차오가 인상적이었다. 이들은 수박 겉핥기식 개혁은 아무런 효과가 없다는 것을 인식하고, 당시 사회를 개혁하기 위해 법과 제도의 개혁을 단행하였다. 청일 전쟁에서 패한 직후였으나 적군이었던 일본의 메이지 유신에서 본받을 점을 파악하여 입헌 군주제를 도입하려 한 점도 대단하다고 생각한다. 비록 서태후와 보수파의 반대로 운동이 실패로 돌아갔지만, 합리적이고 이성적인 온건 개혁파의 면모가 보여서 대단한 사람이라고 느꼈다. / 중국의 민족지도자라고 불리는 쑨원이 가장 인상적이었다. 쑨원은 가난한 농부의 아들로 태어났지만 열심히 공부하여 의사가 되었다. 개인적으로 성공한 삶에 그치지 않고 혁명 단체를 만들어 국가와 민족의 삶을 개선시키기 위해서 평생을 바쳤다. 쑨원의 삼민주의는 혁명의 기본 이념이 되었다. 총통의 자리에 욕심을 내지 않고 공화정 정부 수립에 열성을 쏟은 점도 대단하다고 생각한다. 비록 총통 자리를 위안스카이에게 넘겨준 것은 잘못된 선택이었던 것 같지만, 중화민국의 수립에 가장 큰 기여를 한 사람이기 때문에 쑨원을 가장 인상적인 인물로 꼽았다. [해설] 보기에 제시된 인물들 가운에 하나를 골라 업적과 인상적인 까닭을 서술하면 된다.

5. 서양 열강들이 연달아 일본에 진출하며 물가가 치솟고 백성들의 고통이 커졌다. 에도 막부에 대한 비판의 목소리가 높아졌고, 그 결과 존왕양이 운동이 일어나게 되었다. 이러한 사회적 분위기가 막부 타도 운동이 일어나서 막부가 멸망하고 메이지 정부가 들어서는 계기가 되었다.

6. 메이지 유신이라는 개혁을 통해 일본은 강력한 중앙 집권 국가를 세우려고 했다. 메이지 정부는 기존의 봉건제와 신분제를 타파하였다. 또한 적극적으로 서양 문물을 받아들여 산업을 발전시키고 근대식 학교를 세웠으며, 서양으로 유학생과 사절단을 파견하기도 했다. 이러한 메이지 정부의 노력을 바탕으로 일본은 빠르게 근대화에 성공할 수 있었다.

7. 삼국 간섭 이후 한반도와 만주에 영향력을 뻗치려던 러시아와 일본이 충돌하여 러일 전쟁이 벌어졌다. 일본은 1년 이상 러시아를 몰아붙이다가 미국의 중재로 포츠머스 조약을 체결하게 되었다. 이 조약을 통해 일본은 랴오둥반도와 사할린을 넘겨받았고, 만주와 한반도에서 우월권을 인정받게 되었다.

8. 조약: [미일 화친 조약, 미일 수호 통상 조약]
까닭: 일본은 미국에 의해 강제로 개항을 했고 불평등 조약을 체결하였다. 미일 화친 조약, 미일 수호 통상 조약은 모두 일본과 미국이 맺었던 국제 조약으로, 미국에 대한 특권을 인정해 주게 된 이 조약들 이후로 일본으로는 다른 열강들이 적극 진출하게 되었고 일본의 근대화 운동에 불을 지피게 되었다.

조약: [시모노세키 조약, 포츠머스 조약]

까닭: 시모노세키 조약, 포츠머스 조약은 모두 일본이 다른 나라와의 전쟁 결과 맺은 조약이다. 시모노세키 조약에는 청일 전쟁에서 승리한 일본이 막대한 배상금과 랴오둥반도를 포함한 중국 땅을 가져간다는 내용이 담겼고, 포츠머스 조약에는 러일 전쟁을 우세하게 치르고 있었던 일본이 러시아로부터 사할린을 넘겨받고 한반도에 대한 지배까지 인정받는 내용이 담겼다. 청일 전쟁과 러일 전쟁에서 승리하며 맺은 이 두 조약을 통해 일본은 동아시아의 패권 국가가 되었다.

조약: [강화도 조약, 을사조약]

까닭: 강화도 조약과 을사조약은 일본이 우리나라와 강제로 체결한 조약이라는 공통점이 있다. 조선은 운요호 사건 이후 일본과 강화도 조약을 체결하여 불평등한 조건으로 강제 개항을 하게 되었다. 그리고 청일 전쟁과 러일 전쟁 이후 한반도 지배권을 갖게 된 일본이 대한 제국과 맺은 을사조약으로 인해 우리나라는 외교권을 박탈당하였고, 끝내 일본의 식민지가 되었다. 이 두 조약은 대륙으로 진출하고자 했던 일본의 야욕 때문에 우리나라가 식민 지배 과정으로 들어서게 되는 조약이었다고 할 수 있다.

조약: [미일 수호 조약, 강화도 조약]

까닭: 두 조약 모두 강대국에 의해 강제로 체결된 불평등 조약이라는 공통점이 있다. 일본은 미국에 의해, 조선은 운요호 사건으로 인해 일본과 불평등 조약을 체결하여 강제 개항을 하게 되었다.

[해설] 강화도 조약과 을사조약은 일본이 우리

나라와 각각 1876년, 1905년에 체결한 조약이다. 시대순으로 제시된 여섯 개의 조약 가운데 두 개를 골라 자유롭게 답하면 되는 문제이나, 위에 예시 답으로 안내한 내용을 참고하여 각각의 조약들이 지닌 역사적인 의의를 확인할 수 있는 시간이 되도록 한다.

9.

위(지배계층)로부터의 개혁	아래(피지배계층)로부터의 개혁
사건: 갑신정변	사건: 동학 농민 운동
내용: 급진 개화파들은 청에 의존하는 온건 개화파의 개혁이 더디다고 생각하여 청의 간섭으로부터 완전히 자유로운 국민 국가를 건설하자며 정변을 일으켰다.	내용: 강제 개항 이후 물가가 오르고 살기 힘들어진 농민들이 정치 개혁과 일본 배척을 내걸고 동학 농민 운동을 일으켰다.

[해설] 본책에는 소개되지 않은 흥선대원군의 개혁을 포함하여 갑신정변, 갑오개혁, 광무개혁을 조선 말 지배계층이 주도한 대표적 근대화 운동으로 꼽는다. 각 개혁의 결말과 한계가 무엇이었는지도 함께 짚어본다면 의미 있는 활동이 될 것이다.

실력 키우기

01. [정답] ②

[해설] 이 글에서 설명하는 것은 중국과 영국 간의 무역 불균형이다. 영국은 이로 인한 적자를 만회하기 위해 인도, 중국의 삼각무역을 통해 중국에 아편을 팔기 시작했다. 중국은 아편전쟁에서 패배했으며 영국과 난징조약을 체결했다. 이와 관련한 내용을 찾는 활동이다.

ㄱ. 광저우 외에 10개 항을 추가로 개항했다. - 톈진 조약

ㄴ. 홍콩을 영국에 할양했다. - 난징 조약

ㄷ. 임칙서를 파견해 아편을 몰수했다. - 아편전쟁의 직접적 빌미

ㄹ. 베이징에 서양 열강의 군대가 주둔했다. - 신축조약

ㅁ. 베이징에 외국 공사가 상주했다. - 톈진 조약

02. [정답] ②

[해설] 변법자강 운동은 일본의 메이지 유신을 모델로 하여 입헌군주제를 받아들이고, 서양식의 교육과 상공업을 육성하여 청을 부강하게 하자는 운동이다. 군수산업 육성과 과학기술 도입은 양무 운동에 해당한다.

03. [정답] ⑤

[해설] 보기에 제시된 내용은 쑨원이 1905년 「민보」에서 밝힌 삼민주의에 대한 자신의 주장이다. 삼민주의는 만주족을 몰아내고 한족의 정부를 세우자는 민족주의, 공화정을 수립하자는 민권주의, 토지를 국유화해 모든 국민에게 분배하자는 민생주의를 내세우고 있다.

04. [정답] ③

[해설] 보기에서 설명하고 있는 인물은 위안스카이로, 국민당을 결성한 것은 쑨원이다.

05. [정답] 1차 아편 전쟁-난징조약-공행 제도 폐지 / 2차 아편 전쟁-톈진·베이징 조약-자유로운 포교 활동 보장 / 의화단 운동-신축 조약-외국 군대 주둔

06. [정답] ③

[해설] 메이지유신에 대한 설명이 아닌 것을

찾는 활동이다.

③ 의무교육, 징병제 등을 도입한 것은 맞지만, 참정권 및 의회 요청 등 민주주의 제도 도입은 반대했다.

07. [정답] 미·일 수호 통상 조약 - 청일 전쟁 - 시모노세키 조약 - 삼국간섭 - 러일 전쟁 - 포츠머스 조약 - 을사늑약

08. [정답] ③

[해설] 일본이 사할린섬을 러시아로부터 넘겨받은 것은 러일 전쟁에서 승리한 후 포츠머스 조약에서이다.

Chapter **16-1**

책을 읽기 전에

① 팽창 정책 — 양쪽 병사들이 도랑처럼 생긴 참호를 파고 그 안에서 싸우는 전투

② 참호전 — 자본주의의 모순을 해소하고 생산 수단을 사회적으로 공유하여 모든 사람이 평등한 사회를 실현하려는 사상 및 운동

③ 국제 연맹 — 국가나 공공 단체, 지방 자치 단체가 위임받은 행정 업무를 수행할 수 있는 권리

④ 사회주의 — 다른 나라를 지배하여 영토 또는 세력을 확장하거나 상품 시장을 넓히려는 운동이나 정책

⑤ 자치권 — 제1차 세계 대전 후 국제 평화 유지와 협력을 목적으로 설립된 최초의 국제 평화 기구

[해설] 생략

1. 예시 답 생략

[해설] 소제목 단위로 읽기로 정한 부분을 읽
으며 중요하다 싶은 내용에 밑줄을 쳐 본다.
읽은 후 문제로 나올 만한 내용을 찾는다는 느
낌으로 중요한 내용을 생각해 본다.

2. [해설] 스스로 읽으며 밑줄 친 내용과 일치하
는지, 어떤 내용이 빈칸으로 제시되었는지 생
각하며 읽는다.

㉫ 사라예보 청년은 왜 오스트리아 황태자를 저
격했는가?: 제1차 세계 대전의 발발

1) 오스트리아-헝가리, 이탈리아, 러시아

2) 발칸, 세르비아

3) 슬라브족

4) 세르비아, 사라예보 사건

5) 러시아, 독일, 프랑스, 영국

㉫ 영국 여객선의 침몰에 미국이 격분한 까닭
은?: 제1차 세계 대전의 전개와 종결

1) 영국, 러시아, 장기전, 참호전

2) 봉쇄, 무제한 잠수함 작전, 미국

3) 러시아, 연합국

4) 오스만 제국, 독일

5) 총력전, 신무기

㉫ 한국에 민족 자결주의가 적용되지 않은 까닭
은?: 베르사유 체제와 제1차 세계 대전 이후
의 변화

1) 파리 강화 회의, 윌슨

2) 국제 연맹, 민족 자결주의

3) 베르사유 조약, 독일

4) 독일, 군대

5) 체코슬로바키아, 유고슬라비아, 동맹국

6) 터키 공화국, 폴란드

7) 국제 연맹, 미국, 군대, 부전 조약

㉫ 소비에트와 의회가 다른 점은 무엇일까?: 러
시아 혁명의 배경과 2월 혁명

1) 농업, 사회주의, 레닌

2) 러일, 피의 일요일

3) 니콜라이 2세, 참정권, 중단

4) 노동자, 파업, 제정

5) 소비에트, 2월 혁명

㉫ 소련이 신경제 정책을 추진한 까닭은?: 10월
혁명과 사회주의 국가의 탄생

1) 볼셰비키, 레닌, 10월 혁명

2) 소비에트 혁명 정부, 공산당, 코민테른, 사
회주의

3) 제1차 세계 대전, 국유화, 배급

4) 자본주의, 신경제 정책

5) 저항 운동, 소비에트 사회주의 공화국 연방

6) 스탈린, 공포 정치, 집단 농장, 중공업

㉫ 간디가 물레를 돌려 옷을 만들어 입은 까닭
은?: 중국과 인도의 민족 운동

1) 패전국, 아시아, 아프리카

2) 3·1 운동, 대한민국 임시 정부

3) 중화민국, 신문화

4) 연합국, 21개 조 요구, 5·4 운동

5) 국민당, 중국 공산당, 제1차 국·공 합작, 쑨원

6) 자치권, 간디, 비폭력, 불복종

7) 네루, 무력 투쟁

㉫ 이집트의 독립을 왜 조건부 독립이라고 부를
까?: 동남·서아시아와 아프리카의 민족 운동

1) 호찌민, 공산당

2) 인도네시아, 수카르노

3) 필리핀, 타이, 시암

4) 오스만 제국, 무스타파 케말

5) 술탄 제도, 터키, 참정권

6) 아랍인, 팔레스타인, 이라크

7) 이집트, 반영, 수에즈 운하

8) 제1차 범아프리카 회의

3. 예시 답 생략

[해설] 16장 내용을 바탕으로 제1차 세계 대전을 한 문장으로 평가한다면 어떻게 표현할지 생각해 정의해 본다.

한눈에 보기

1. ㉠ 독일, ㉡ 러시아, ㉢ 발칸, ㉣ 사라예보, ㉤ 베르사유, ㉥ 국제 연맹

[해설] 제1차 세계 대전을 기점으로 하는 현대사의 전개는 전 세계가 긴밀하게 맞물려 돌아간다는 특징이 있다. 3국 동맹 대 3국 연합이라는 열강들의 대립에 따른 각국의 이해관계를 통합적으로 파악할 수 있어야 한다.

2. ㉠ 피의 일요일, ㉡ 레닌, ㉢ 사회주의, ㉣ 코민테른, ㉤ 소비에트

3. ㉠ 5·4 운동, ㉡ 공산당, ㉢ 간디, ㉣ 호찌민, ㉤ 터키

[해설] 아시아와 아프리카 각국의 저항 운동과 결과(독립 여부)를 비교하여 기억하도록 한다.

역사 논술

1. 제1차 세계 대전이 발발하기 전 오스트리아-헝가리 제국은 범게르만주의를 외치며 슬라브족을 지배하려 했고, 슬라브족은 범슬라브주의를 외치며 자신들만의 통일국가를 건설하려 하고 있었다. 오스트리아-헝가리 제국이 보스니아 헤르체고비나를 합병한 것에 반발한 세르비아의 과격파들이 보스니아의 수도 사라예보에서 오스트리아-헝가리 제국의 황태자 부부를 암살하였다. 이 사건을 사라예보 사건이라고 한다.

2. 전쟁 당시 독일은 영국의 해상 봉쇄령에 대항하기 위해 실시했던 무제함 잠수함 작전을 실시했는데, 독일의 공격에 영국 여객선이 침몰하며 상당수의 미국인 승객들까지 전원 사망하는 사건이 일어났다. 그 이후로도 독일이 무제한 잠수함 작전을 강행하자 미국도 독일을 응징하겠다며 참전을 선언하였다.

3. 독일이 전쟁을 일으켰으니 책임을 지는 것은 당연하지만, 엄청난 액수의 배상금을 지급하고 영토를 빼앗긴 것은 물론이고 군대 보유 같은 국가의 권리도 크게 제한한 베르사유 조약은 영국과 프랑스 등이 독일에 복수를 한다고 여겨질 만큼 가혹한 조치였다. 일방적으로 전쟁 책임을 전가한 베르사유 조약에 독일은 큰 불만을 품게 되었다.

[해설] 전쟁의 근본적 원인은 열강들의 식민지 확보 경쟁에 있었음에도, 패전국이 되었다는 이유만으로 독일에만 일방적으로 큰 부담을 지운 베르사유 조약은 독일 국민의 큰 반발을 샀다. 이것이 후일 독일이 제2차 세계 대전을 주도적으로 일으키게 되는 계기가 되었다.

4. 참혹한 결과를 가져온 제1차 세계 대전을 치

른 이후 세계 각국은 앞으로 일어날 국제 분쟁을 평화적으로 해결하기 위한 국제기구를 만들었다. 하지만 국제 연맹에는 강대국이었던 미국이 빠졌으며, 국제 연맹에 소속된 군대도 없었기 때문에 실제로 분쟁이 발생했을 경우에 침략국을 제재할 수 있는 수단이나 방법이 없었다.

5. 소비에트는 노동자, 농민, 군인의 대표자 회의를 뜻한다. 러시아 혁명을 이끌었던 레닌은 모든 권력은 소비에트에 있어야 한다고 주장하였고, 의회를 해산하고 공산당 일당 독재를 선언하였다. 다른 나라의 시민 혁명은 참정권을 확대하고 의회를 구성하는 결과를 가져왔던 것과 달리, 러시아에서는 공산당이 독재하는 세계 최초의 사회주의 국가가 탄생하였다.

6. 레닌은 토지와 산업 시설을 모두 국유화하고 민중들에게 생활필수품과 집을 배급하였다. 얼핏 보면 평등해 보이지만 일을 열심히 하나 적게 하나 배급량이 같기 때문에 사람들이 더 이상 열심히 일하지 않게 되었다. 경제 문제도 심각했지만, 정치적으로도 저항 세력을 군대의 무력으로 모두 진압하였으며 스탈린은 독재 체제를 더욱 강화하여 공포 정치를 펼쳤다. 처음 사회주의 혁명의 목표였던 농민과 노동자가 평등하고 자유로운 세상은 오지 않았다.
[해설] 농민과 노동자가 국가의 주인이 되어 평등하고 자유로운 세상을 만들려고 했던 사회주의 이념은 이상적이었으나, 현실 정치에서의 사회주의 실험은 실패했다고 보는 평가가 지배적이다.

7. 제1차 세계 대전 이후 파리 강화회의에서 체결된 윌슨의 14개 조 평화 원칙 가운데 민족 자결주의가 많은 주목을 받았다. 하지만 모든 민족은 자유롭게 자기 민족의 미래를 결정할 수 있다는 민족 자결주의의 원칙은 패전국의 식민지에만 적용되었다. 이에 따라 제국주의 열강들로부터 독립을 쟁취하기 위한 식민지들의 민족 운동이 활발하게 전개되었다.

실력 키우기

01. [정답] ⑤
[해설] 비스마르크 재상의 독일 통일은 1871년에 있었던 것으로 1차 세계대전 발발과는 거리가 멀다.

02. [정답] ③
[해설] 인도네시아는 수카르노를 중심으로 네덜란드에 대한 독립운동을 벌였으나 제2차 세계대전 이후에 독립하였다.

03. [정답] ④
[해설] 연설의 주인공은 블라디미르 레닌이다. 레닌은 볼셰비키를 이끄는 지도자로, 2월 혁명 이후에 등장한 임시 정부를 규탄했다. 10월 혁명을 일으켜 소비에트 혁명 정부를 세운 뒤 공산당 일당 독재를 시작했다. 또한 국제 공산당 연합 조직인 코민테른을 만들어 반제국주의 투쟁을 지원했다. 계속되는 경제난을 해결하기 위해 자본주의 요소를 일부 받아들이는 신경제 정책(NEP)를 실시했다. 레닌의 뒤를 이은 스탈린은 반대 세력을 제거하면서 공산당 독재 체제를 극도로 강화했다.

04. [정답] ④

[해설] 보기에서 설명하는 사건은 중국의 5.4운동이다. 5.4운동은 윌슨 대통령의 민족 자결주의 선언에 영향을 받았던 우리나라의 3.1운동 이후에 있었던 제국주의 저항 운동이다.

05. [정답] ③

[해설] 이집트는 프랑스가 아닌 영국에 수에즈 운하 운영권 및 군대 주둔을 허락하는 조건으로 독립을 얻었다.

Chapter **16-2**

책을 읽기 전에

① 공황
② 전체주의
③ 군국주의
④ 국제 연합

개인은 민족이나 국가와 같은 전체를 위해서만 존재한다는 이념에 따라 개인의 자유와 권리를 억압하는 정치 체제

제2차 세계 대전 후 평화와 안전의 유지 등 국제 협력을 목적으로 창설된 국제 기구

자본주의 경제에서, 상품의 생산과 소비의 균형이 깨지며 산업이 침체하고 실업자가 많이 생기며 경제가 혼란에 빠지는 현상

군사력에 의한 발전을 국가의 중요한 목적으로 삼고 사회나 국민의 생활을 전면적으로 통제하는 체제

[해설] 생략

책을 읽으며

1. 예시 답 생략

[해설] 소제목 단위로 읽기로 정한 부분을 읽으며 중요하다 싶은 내용에 밑줄을 쳐 본다.

읽은 후 문제로 나올 만한 내용을 찾는다는 느낌으로 중요한 내용을 생각해 본다.

2. [해설] 스스로 읽으며 밑줄 친 내용과 일치하는지, 어떤 내용이 빈칸으로 제시되었는지 생각하며 읽는다.

🅑 미국 공황에 세계가 휘청거린 까닭은?: 대공황의 발생과 미국 뉴딜 정책

1) 미국, 암흑의 목요일

2) 기업, 실업자

3) 유럽, 대공황

4) 뉴딜 정책, 정부

5) 공공사업, 사회 보장 제도

6) 식민지, 블록 경제, 보호 무역

7) 독일, 일본

🅑 파시즘과 나치즘이 국민의 지지를 받은 까닭은?: 전체주의의 등장

1) 무솔리니, 전체주의, 일당 독재 체제

2) 히틀러, 게르만, 유대인

3) 총선거, 탈퇴

4) 군국주의

5) 군사력, 국민

6) 만주국, 국제 연맹, 중·일 전쟁

7) 에티오피아

🅑 헤밍웨이는 왜 에스파냐에서 총을 들었을까?: 에스파냐 내전과 제2차 세계 대전 발발

1) 에스파냐, 인민 전선 정부

2) 군부, 에스파냐 내전

3) 프랑코, 베를린-로마 추축 협정

4) 방공 협정, 이탈리아

5) 프랑스, 소련

6) 민간 의용군, 인민 전선 정부, 전체주의

7) 게르만족, 오스트리아

8) 영국, 프랑스, 체코슬로바키아

9) 소련, 폴란드, 선전 포고

ⓑ 히틀러, 소련을 침공하다: 제2차 세계 대전의 전개와 종결

1) 소련, 국제 연맹

2) 덴마크, 마지노선, 파리

3) 영국, 런던

4) 동유럽, 그리스, 북아프리카, 소련

5) 동남아시아, 인도차이나반도

6) 진주만 기지, 태평양 전쟁

7) 역전, 미드웨이 해전

8) 스탈린그라드, 패배, 아프리카

9) 무솔리니 정권

10) 노르망디 상륙 작전, 베를린, 항복

11) 참전, 원자 폭탄, 1945

ⓑ 대서양 헌장에 따라 만들어진 국제기구는?: 전쟁의 종결 및 새 국제 질서의 수립

1) 루스벨트, 처칠, 대서양 헌장

2) 카이로 회담, 한국

3) 테헤란, 얄타 회담, 독일

4) 포츠담

5) 독일, 일본

6) 국제 연합, 안전 보장 이사회, 군사력

3. 예시 답 생략

[해설] 16장 전체 내용을 바탕으로 제1차·제2차 세계 대전의 공통점과 차이점을 찾아본다.

1. ㉠ 뉴딜, ㉡ 블록 경제, ㉢ 전체주의

[해설] 대공황이라는 초유의 위기 사태를 극복하기 위한 각국의 대응을 비교해 본다. 자구책을 강구한 미국과 달리 영국과 프랑스는 식민지를 압박하는 블록 경제 체제를 통해 경제 위기를 극복하였다. 식민지가 충분하지 않았던 이탈리아, 독일, 일본은 자국 내의 문제점을 해결하기 위하여 유대인 같은 다른 인종이나 식민지 사람들을 차별하는 정책을 펼쳐 국민의 불만을 돌리려 했으며 전체주의 사상에 급속도로 물들어갔다.

2. ㉠ 에스파냐, ㉡ 방공, ㉢ 폴란드, ㉣ 진주만, ㉤ 노르망디

3. ㉠ 루스벨트, ㉡ 처칠, ㉢ 카이로, ㉣ 포츠담, ㉤ 국제 연합

[해설] 제1차 세계 대전 이후 설립되었던 국제 연맹과 달리 국제 연합은 국제 분쟁 시 실질적인 제재를 가할 수 있는 장치를 마련하였다.

역사 논술

1. 미국의 루스벨트 대통령은 대공황을 극복하기 위해 기존의 자유방임 정책 대신 정부가 경제에 적극적으로 개입하는 정책을 펼쳤다. 대표적인 뉴딜 정책의 사례로 실업자들을 구제하기 위해 대규모 공공사업 추진, 사회 보장 제도와 최저 임금 제도 마련 등을 꼽을 수 있다.

2. 전체주의는 국가나 민족이라는 전체가 개인보다 중요하다고 말하는 사상이다. 전체의 이익을 앞세워 개인의 자유와 평등 같은 기본권을 억압하며, 개인의 사생활까지 모두 통제하는 이념이다.

[해설] 이와 같은 사상을 지닌 전체주의 세력은 개인의 자유를 강조하는 자유주의와 노동자의 권익을 중시하는 사회주의를 모두 배격하였다. 사회주의는 노동자의 권익을 확대하고 완전한 평등을 이루고자 하는 이념이었 다. 전체주의 세력은 개인의 권리나 이익을 희생하여 국가에 충성할 것을 주장했기 때문에 사회주의를 받아들일 수 없었다.

3.

인민 전선 정부	프랑코 군부
• 자유 민주주의를 지키기 위하여 전 세계 젊은이들이 에스파냐로 몰려들어 민간 의용군이 되어 프랑코의 군대와 맞서 싸움.	• 독일의 히틀러와 이탈리아의 무솔리니가 이끌었던 전체주의 세력이 프랑코의 군대를 지원함.

4. 전범국인 일본을 응징하기 위한 국제적 논의가 이루어졌다. 카이로 회담에서 당시 일본의 식민지였던 한국의 독립을 보장한다는 내용이 처음으로 등장하였고, 포츠담 회담에서는 이 내용을 재확인하였다. 전쟁이 끝난 이후 우리나라는 이 두 회담의 내용에 따라 일본의 식민 지배로부터 벗어나게 되었다.

[해설] 줄곧 고립되어 있었던 우리나라의 상황이 국제적으로 논의된 점은 다행스러운 일이었지만, 포츠담 회담에서 한국 문제는 주요 의제가 아니었다. 당시부터 이미 미국과 소련은 은밀하게 세력 다툼을 벌이고 있었고, 포츠담에서부터 냉전과 한반도 분단의 씨앗이 뿌려졌다고 볼 수 있다.

01. [정답] ⑤
[해설] 당시의 전체주의 정권은 평범한 농민과 노동자뿐 아니라 중산층과 자본가의 적극적인 지지를 받았다.

02. [정답] ④
[해설] ㄱ. 독일의 스탈린그라드 침공(1942년 7월) ㄴ. 미국 참전(1941년 12월) ㄷ. 영국, 프랑스 선전포고(1939년 9월) ㄹ. 일본의 진주만 공격(1941년 12월) ㅁ. 독일의 폴란드 침공(1939년 9월) ㅂ. 노르망디 상륙작전(1944년 6월)

03. [정답] (1)에스파냐 (2)일본 (3)미국 (4)독일 (5)영국

04. [정답] ②, ⑦
[해설] ②독일군은 소련과의 스탈린그라드 전투에서 6개월간 고전을 면치 못했다. 노르망디 상륙작전은 연합군이 프랑스를 독일군으로부터 해방시킨 전투였다. ⑦마지막까지 항복하지 않은 나라는 일본으로, 히로시마와 나가사키에 원자 폭탄이 떨어지자 항복했다.

05.

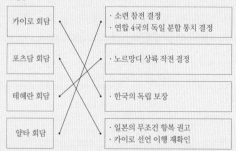

책을 읽기 전에

* 예시 답 생략

[해설] 17~18장 내용을 순서대로 안내하고 있으므로 잘 읽으며 어떤 내용을 읽게 될지 생각해 본다.

책을 읽으며

1. 예시 답 생략

[해설] 소제목 단위로 읽기로 정한 부분을 읽으며 중요하다 싶은 내용에 밑줄을 쳐 본다. 읽은 후 문제로 나올 만한 내용을 찾는다는 느낌으로 중요한 내용을 생각해 본다.

2. [해설] 17장을 스스로 읽으며 밑줄 친 내용과 일치하는지, 어떤 내용이 빈칸으로 제시되었는지 생각하며 읽는다.

▶ 가장 먼저 여성에 투표권을 준 나라는?: 민주주의 발전과 참정권의 확대

1) 바이마르, 해체, 터키, 민주주의

2) 영국, 프랑스, 성인 남성, 여성

3) 성인, 남녀, 영국, 미국

4) 일본, 보통

▶ 1920년대의 미국을 왜 광란의 시대라 할까?: 자본주의의 발전과 노동자의 권리 확대

1) 미국, 군수 물자, 유럽

2) 생산, 소비, 광고, 백화점

3) 노동자, 투표권, 노동조합

4) 국제 노동 기구, 8, 48

5) 사회 보장 제도, 복지, 실업자

3. [해설] 18장을 스스로 읽으며 밑줄 친 내용과 일치하는지, 어떤 내용이 빈칸으로 제시되었는지 생각하며 읽는다.

▶ 독일이 유대인 수용소에 샤워 시설을 만든 까닭은?: 대량 학살에 대한 진실 규명

1) 독일, 연합군

2) 유대인, 게토, 홀로코스트

3) 아우슈비츠, 600만

4) 중·일, 난징

▶ 일본은 왜 진정한 사과를 하지 않을까?: 위안부 문제 해결을 위한 노력

1) 우리나라, 위안부

2) 증언, 소송, 사과

3) 전쟁터, 강제 노동

4) 731부대, 생체 실험, 독일

▶ 전쟁 관련 박물관은 왜 만드는 걸까?: 평화를 유지하기 위한 국제 사회의 노력

1) 전범 재판, 나치스 전범, 사형

2) 석방, 천황

3) 반성, 사과, 일본

4) 켈로그·브리앙, 국제연합

4. 예시 답 생략

[해설] 몇 년에 걸친 전쟁을 연거푸 두 번 치른 사람들이라면 전쟁에 대해 어떤 생각을 하게 되었을지 제3자가 아닌 당사자 입장에서 생각해 본다.

한눈에 보기

1. ㉠ 바이마르, ㉡ 터키, ㉢ 러시아, ㉣ 사회 보장

2. ㉠ 난징, ㉡ 뉘른베르크, ㉢ 천황, ㉣ 국제연합

1. 제1차 세계 대전은 대부분 유럽 국가에서 벌어졌다. 전쟁 도중에 미국은 연합국에 무기와 군수 물자를 팔아 막대한 돈을 벌었고, 전쟁이 끝난 후 황폐해진 국토와 부서진 공장 설비를 복구해야 하는 유럽 국가들에 상품을 팔면서 미국은 다시 또 경제적 이익을 얻었다.

[해설] 미국의 20년대 번영과 급격한 경제 성장은 이후 대공황을 불러오게 되었다.

2. 독일은 서독 총리가 폴란드의 유대인 위령탑을 찾아 제2차 세계 대전 당시의 만행을 사죄하고, 다른 유럽 국가들과 공동으로 역사 교과서를 만드는 등 철저한 반성과 사과, 보상을 이행했다. 하지만 일본은 전쟁 범죄에 대한 규명과 처벌도 제대로 이루어지지 않았고, 지금까지도 일본 정치인들이 전범들의 위패를 모신 야스쿠니 신사를 매년 참배하며 진정한 사과 없이 과거를 덮으려고 하고 있다.

3. 제1차 세계 대전 이후 만들어진 국제연맹에는 강대국이 참여하지 않았고, 무엇보다 전쟁을 일으키는 국가들을 제지할 수 있는 수단이 없었다. 이러한 문제점을 보강한 새로운 국제기구가 국제연합이다. 국제연합은 평화유지군 (유엔군)을 두어 실질적으로 국제 평화와 안전을 유지할 수 있는 체제를 갖추었다.

실력 키우기

01. [정답] ③

[해설] 제1차 세계대전의 승전국이었던 영국과 프랑스는 자신들의 식민지는 독립시키지 않았다.

02. (1) [정답] ○

[해설] 남성들이 전쟁을 치르는 동안 여성들이 공장에서 일하게 되었다. 전쟁이 끝난 후 여성들의 전쟁 승리에 대한 기여를 이유로 참정권에 대한 요구가 커졌다.

(2) [정답] ×

[해설] 여성에게 최초로 참정권을 부여한 나라는 뉴질랜드이다.

(3) [정답] ×

[해설] 국제 노동 기구(ILO)는 제1차 세계대전이 끝나고 체결된 베르사유 조약에 따라 설립되었다.

(4) [정답] ○

[해설] 도쿄 재판에서는 A급 전범 25명 중 겨우 7명만 사형이 선고되고 나머지는 석방되었다. 게다가 전쟁의 총 책임자라 할 수 있는 일본의 천황은 아무런 처벌을 받지 않았다.

03. [정답] ⑤

Chapter 19

책을 읽기 전에

* 냉전

[해설] 다섯 문장의 글을 읽으며 전체적으로 다루는 내용은 무엇인지, 그 내용을 가리키는 어휘를 찾아본다.

1. 예시 답 생략

[해설] 소제목 단위로 읽기로 정한 부분을 읽으며 중요하다 싶은 내용에 밑줄을 쳐 본다. 읽은 후 문제로 나올 만한 내용을 찾는다는 느낌으로 중요한 내용을 생각해 본다.

2. [해설] 스스로 읽으며 밑줄 친 내용과 일치하는지, 어떤 내용이 빈칸으로 제시되었는지 생각하며 읽는다.

❿ 자본주의와 공산주의는 왜 대립했을까?: 냉전 체제의 형성

　1) 소련, 공산

　2) 유럽, 트루먼 독트린, 마셜 계획/마셜 플랜

　3) 동유럽, 코민포름, 경제 상호 원조 회의

　4) 북대서양 조약 기구, 바르샤바 조약 기구, 미국, 소련, 냉전

　5) 미국, 동독, 베를린

　6) 자본주의, 공산주의, 베를린 장벽

❿ 베트남 전쟁에서 공산주의가 승리한 까닭은 뭘까?: 열전으로 번진 냉전

　1) 공산당, 국민당, 공산당

　2) 중화 인민 공화국, 타이완

　3) 소련, 국제 연합, 국제전

　4) 사회주의자; 베트남 민주 공화국, 프랑스

　5) 북베트남 공산 정권, 베트남 전쟁, 공산 국가

　6) 쿠바, 핵미사일, 쿠바 미사일 위기

❿ 인도와 파키스탄은 왜 갈라섰을까?: 동남아시아 및 인도의 독립과 갈등

　1) 1948

　2) 미국, 일본, 필리핀 공화국

　3) 미얀마, 인도네시아, 라오스, 캄보디아

　4) 인도, 파키스탄, 방글라데시

　5) 스리랑카

❿ 1960년이 '아프리카의 해'인 까닭은?: 서아시아·아프리카의 독립과 중동 전쟁

　1) 서아시아, 위임 통치

　2) 팔레스타인, 이스라엘, 아랍

　3) 영국, 아랍인, 영국, 유대인

　4) 중동 전쟁

　5) 이스라엘, 국제 연합

　6) 이집트, 수에즈 운하, 나세르

　7) 국유화, 영국, 프랑스, 이스라엘

　8) 영국, 아프리카의 해

❿ 신생 독립국들이 왜 반둥에 모였을까?:냉전 체제에 대한 제3 세계의 저항

　1) 아시아, 아프리카, 냉전, 냉전 체제 완화

　2) 자본주의, 공산주의, 비동맹 중립, 평화 10원칙

❿ 미국이 중국과 관계 개선하려고 벌인 운동 시합은?: 좌우 진영 내부의 분열과 냉전 체제의 완화

　1) 동유럽, 소련, 폴란드

　2) 헝가리, 민주화 시위, 실패

　3) 체코슬로바키아, 민주주의, 실패, 프라하의 봄

　4) 프랑스, 북대서양 조약 기구, 유럽

　5) 사회주의 노선, 국경 분쟁

　6) 미국, 아시아, 중국, 외교 관계

　7) 서독, 동독, 전략 무기 제한 협정

3. 예시 답 생략

[해설] 19장 내용을 바탕으로 '냉전 시대'를 정리해 한두 문장으로 써 본다.

1. ㉠ 마셜, ㉡ 바르샤바, ㉢ 베를린, ㉣ 마오쩌둥, ㉤ 쿠바

2. ㉠ 필리핀, ㉡ 파키스탄, ㉢ 방글라데시, ㉣ 이스라엘, ㉤ 닉슨 독트린

[해설] 제3 세계의 등장과 비동맹 중립주의는 냉전 체제에 균열을 가져왔다. 동유럽에서는 민주화 시위와 소련에 대한 반대 운동이 일어났고, 유럽 국가들이 미국과 다른 독자 노선을 걸으며 유럽 통합 움직임을 보였다. 또한 미국에서 발표한 닉슨 독트린은 냉전 체제를 완화시키는 결정적인 계기가 되었다.

역사 논술

1. 베트남 전쟁이 있다. 베트남이 프랑스로부터 독립 전쟁을 벌였던 당시 미국은 자본주의 진영인 프랑스를 지원했고, 중국은 공산 정권을 지원했다. 베트남의 민족 지도자인 호찌민의 공산 정권은 북베트남에 있었는데, 이와 별도로 남베트남에 미국이 지원하는 자본주의 정권이 수립되었고, 북베트남과 남베트남이 대립하게 되었다. 자칫하면 인도차이나반도 전체가 공산화될 것이라 우려한 미국은 남베트남에 군대를 파견하고 물자를 지원하기 시작하였고, 북베트남의 공산 정권과 남베트남의 공산주의 세력이었던 민족 해방 전선은 미국을 상대로 하는 전쟁을 치르게 되었다.
[해설] 중국의 국공 내전, 한국의 6·25 전쟁, 베트남 전쟁 가운데 한 가지 사건을 골라 자본주의 진영과 공산주의 진영이 어떻게 대립하

였는지를 설명하도록 한다. 쿠바의 미사일 위기도 전 세계를 긴장시킨 사건이었지만 실제 전쟁이 일어나기 전에 무사히 사태가 진정되었다.

2. 제1차 세계 대전 당시 영국의 외교관 맥마흔은 아랍의 지도자 후세인에게 맥마흔 서한을 보내 아랍 민족이 전쟁에 참여해 준다면 이후 아랍인들의 국가를 세우도록 해주겠다고 약속했다. 영국의 외무장관 밸푸어는 유대인 은행 재벌인 로스차일드와 밸푸어 선언이라는 비밀 조약을 체결하여 유대인이 참전해 준다면 이후 팔레스타인에 유대인들의 국가를 세우도록 해주겠다는 약속도 했다. 이러한 이중 약속을 한 영국과 강대국인 미국의 지지를 받아 유대인들의 국가 이스라엘이 탄생했다. 이스라엘이 팔레스타인 지역에 건국된 것에 대해 서아시아의 아랍인들이 반발하며 중동 전쟁이 일어나게 되었다.
[해설] 중동 전쟁은 모두 4차례에 걸쳐 진행되었다. 국제 연합은 제4차 중동 전쟁이 터지자 1973년 양쪽에 휴전을 요구하고 유엔군을 현지에 파견했다. 전쟁은 결과적으로 이스라엘의 승리로 마무리되었지만 양쪽의 갈등은 21세기가 된 지금도 풀리지 않고 있다.

3. 첫째, 1950년대 중반부터 두 나라가 사회주의 노선을 놓고 감정싸움을 벌였다. 당시 소련은 독재자 스탈린이 죽고 난 후에 미국과 대화를 해 보려고 했지만, 이를 두고 중국이 강하게 반발하면서 감정싸움이 시작되었다.
둘째, 두 나라가 심하게 국경 분쟁을 벌였다. 양쪽의 군대는 우수리강에서 충돌했는데, 자

칫 핵전쟁이 벌어질 위기까지 있었다.

4. 미국의 닉슨 대통령이 1969년에 발표한 닉슨 독트린의 내용이다. 베트남 전쟁 등 냉전 체제로 인한 국제 분쟁에서 큰 피해를 본 미국은 과거의 실수를 반복하지 않기 위해 닉슨 독트린을 발표하였으며, 이는 냉전 체제를 완화하는 결정적인 계기가 되었다. 이후 닉슨 대통령이 소련과 중국을 방문하였고 미국과 중국이 정식 외교 관계를 맺게 되었다.

실력 키우기 📄

01. [정답] ②

[해설] 제2차 세계 대전이 끝난 뒤에도 서구 열강은 식민지들의 독립을 저지하려고 했다. 대표적으로 베트남은 패망한 일본으로부터 놓여나자마자 다시 식민 지배하려는 프랑스와 전쟁해야 했다. 미얀마, 인도네시아도 마찬가지로 긴 투쟁 끝에 독립을 얻어낼 수 있었다.

02. [정답] ⑤

[해설] ①, ④ 이스라엘은 유대교를 믿는 유대인들로, 팔레스타인은 이슬람교를 믿는 아랍인들로 구성되어 있으며 역사적으로 오랫동안 갈등을 겪어왔다. 제1차 세계대전 당시 ② 영국의 외교관 맥마흔이 아랍의 지도자 후세인에게 참전해 줄 것을 요청하며 전쟁 후에 아랍인들의 국가를 세우도록 돕겠다고 했다. ③이와 반대의 조약을 영국의 밸푸어 장관이 유대인들과 맺으면서 이스라엘-팔레스타인 분쟁의 원인이 되었다.

03. [정답] ③

[해설] ①쿠바 미사일 위기, ②베를린 봉쇄, ④ 6.25 전쟁, ⑤베트남 전쟁은 모두 자본주의-공산주의의 이념 대결로 인한 사건이지만, ③인도-파키스탄 분쟁은 종교 갈등으로 인한 분쟁이다.

04. [정답] ①

[해설] ② 아프리카의 현 국경선은 19세기 말 베를린 회의 때 정한 것이며, 이념 대립과는 관계없다. ③ 아프리카는 독립한 이후에도 영토, 종교, 민족 분쟁이 끊이지 않고 있다. ④ 아프리카는 지하자원과 인력이 풍부하기는 하나, 아직까지 빈곤과 굶주림 문제가 해결되지 않고 있다. ⑤ 아프리카 내전은 자본주의-공산주의 이념 대결이 아닌, 인종, 민족, 영토 등에 의한 것이 대부분이다.

Chapter 20

책을 읽기 전에

예) 세계화란 세계 각국이 국경을 넘어 정치·경제·문화 등 여러 분야에서 교류가 증대하며 지구촌 전체가 하나의 체계로 통합되는 현상이다.

[해설] 세계화에 대한 자료를 찾아 알아보고 자신의 말로 정리해 본다.

책을 읽으며

1. 예시 답 생략

[해설] 소제목 단위로 읽기로 정한 부분을 읽으며 중요하다 싶은 내용에 밑줄을 쳐 본다. 읽은 후 문제로 나올 만한 내용을 찾는다는 느낌으로 중요한 내용을 생각해 본다.

2. [해설] 스스로 읽으며 밑줄 친 내용과 일치하는지, 어떤 내용이 빈칸으로 제시되었는지 생각하며 읽는다.

🅑 고르바초프가 개혁·개방 정책을 편 이유는?: 냉전 체제의 붕괴와 소련의 해체

　1) 고르바초프, 개혁, 개방, 공산주의, 자본주의 시장 경제

　2) 아프가니스탄, 민주화

　3) 민주주의, 선거

　4) 체코, 슬로바키아, 민주주의

　5) 베를린 장벽, 1990, 통일

　6) 몰타 선언

　7) 옐친, 소련의 해체, 냉전 체제

🅑 흰 고양이든 검은 고양이든 쥐만 잡으면 된다는 말의 뜻은?: 중국의 개혁과 개방 정책

　1) 집단 농장, 생산율, 대약진

　2) 마오쩌둥, 문화 대혁명, 홍위병

　3) 덩샤오핑, 실용성, 시장 경제

　4) 민주화 운동, 톈안먼 사건

　5) 샌프란시스코 조약, 일본의 독립

　6) 6.25, 베트남, 경제 성장

🅑 세계 무역 기구가 정말 공평할까?: 세계화와 신자유주의

　1) 자본주의, 자유 무역 체제

　2) 브레턴우즈, 국제 통화 기금, 국제 부흥 개발은행

　3) 관세 및 무역에 관한 일반 협정, 국제 자유 무역

　4) 국제 석유, 폭등

　5) 신자유주의, 미국, 영국

　6) 세계 무역 기구

　7) 자유 무역 협정, 북미 자유 무역 협정

🅑 다국적 기업의 장점과 단점은 뭘까?: 세계화의 확대와 경제 블록화

　1) 세계화, 자유 무역

　2) 경제 협력체, 경제 블록

　3) 프랑스, 유럽, 유럽 경제 공동체

　4) 유럽 공동체, 유럽 연합

　5) 아시아·태평양 경제 협력체, 아시아·유럽 정상 회의

　6) 남미 국가 연합, 아프리카 연합

　7) 세계화, 이익이 크다, 빈부격차

3. 예시 답) 냉전 체제 붕괴, 세계화, 신자유주의, 경제 블록화

[해설] 20장 내용을 훑어보며 필요한 핵심어를 찾아본다.

한눈에 보기

1. ㉠ 고르바초프, ㉡ 서독, ㉢ 동독, ㉣ 몰타

2. ㉠ 문화 대혁명, ㉡ 덩샤오핑, ㉢ 톈안먼, ㉣ 샌프란시스코

3. ㉠ 브레턴우즈, ㉡ 신자유주의, ㉢ 유럽 연합, ㉣ 아시아·태평양 경제 협력체

1. 공산주의 국가였던 소련과 중국은 개혁·개방 정책을 통해 시장 경제 원리를 도입하였다. 하지만 민주화 운동을 탄압하지 않고 자유 선거를 보장하는 등 언론과 시민들에게 표현의 자유를 인정한 고르바초프의 개혁과 달리 중국은 사회주의를 고수하였다. 톈안먼 사건을 무력으로 진압한 것처럼 민중들의 민주화 운동을 강경하게 탄압하였다.

2. 일본은 미국과 소련의 세력 싸움인 냉전 체제 덕분에 독립국을 유지할 수 있었다. 독일이나 우리나라가 분단되어 소련과 미국의 간섭을 받았던 것과 달리, 동아시아 지역에서 공산주의가 더 넓게 확대되는 것을 막고자 했던 미국의 강력한 지원 덕분에 샌프란시스코 조약을 통해 독립을 승인받았다.

3. 세계화가 확산할 경우 거대한 자본과 전 세계적 유통망을 가진 다국적 기업들의 이익만 늘어나고, 작은 국내 기업들은 이익을 얻지 못해 빈부 격차가 심해질 수 있다.
   [해설] 이외에도 이주민 증가로 인한 문화 갈등이나 각종 사회 문제가 발생하거나, 국가 간 상호 의존도가 증가하여 한 국가의 경제 위기가 세계로 확산되는 등의 부작용도 나타나고 있다.

실력 키우기

01. [정답] ③
    [해설] 고르바초프는 동유럽 국가의 민주화 운동에 대해 탄압하지 않았다.

02. [정답] ①
    [해설] 대약진운동은 마오쩌둥이 경제성장을 위해 추진한 운동이다.

03. [정답] ③
    [해설] ① 제2차 세계 대전 이후 나타난 경제 블록이다. ② 동일 화폐 사용 여부와 관계없이 동일 경제권에 포함되는 나라들이 연합해 만든 경제 협력 체제이다. ④ 회원국끼리는 자유 무역을, 비회원국에 대해서는 보호 무역을 지향한다. ⑤ 냉전 체제 종식 후 나타난 지역 경제 협력체이다.

Chapter 21

책을 읽기 전에

* 예시 답 생략
  [해설] 이전의 역사에서 읽은 내용과 제시된 21장에 대해 안내하는 내용을 살펴보며 20세기 후반 세계사적으로 어떤 변화를 생기는지, 새로 등장한 어휘를 중심으로 생각해 본다.

책을 읽으며

1. 예시 답 생략
   [해설] 소제목 단위로 읽기로 정한 부분을 읽으며 중요하다 싶은 내용에 밑줄을 쳐 본다. 읽은 후 문제로 나올 만한 내용을 찾는다는 느낌으로 중요한 내용을 생각해 본다.

2. [해설] 스스로 읽으며 밑줄 친 내용과 일치하
는지, 어떤 내용이 빈칸으로 제시되었는지 생각
하며 읽는다.

⊞ 흑인들은 왜 워싱턴 행진을 했을까?: 민권 운
　동과 민주화 운동의 전개

　1) 탈권위주의

　2) 대학, 기성세대

　3) 마틴 루서 킹, 민권법, 투표권

　4) 남아프리카공화국, 아파르트헤이트

　5) 민주화, 중남미

　6) 4.19 혁명, 멕시코, 에스파냐

⊞ 청년들은 왜 록 음악에 열광했을까?: 학생 운
　동과 여성 운동의 전개

　1) 자유분방, 1960년대, 기성세대

　2) 프랑스, 베트남, 노동자, 68 운동

　3) 문화, 밥 딜런, 록, 저항

　4) 극단적, 히피

　5) 여성, 성차별

⊞ 인터넷이 대중 매체로서 매력적인 까닭은?:
　대중 사회의 형성과 대중문화의 발전

　1) 대중 사회, 대중

　2) 도시화, 노동자

　3) 라디오, 인터넷, 대중 매체

　4) 대중문화

　5) 노래, 영화, 동참

　6) 전통문화, 상업성

3. 예시 답 생략

　[해설] 21장을 읽으며 인상적이었거나 중점적
　으로 다루어진 내용을 바탕으로 20세기 후반
　을 설명해 본다.

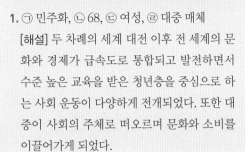

1. ㉠ 민주화, ㉡ 68, ㉢ 여성, ㉣ 대중 매체

　[해설] 두 차례의 세계 대전 이후 전 세계의 문
　화와 경제가 급속도로 통합되고 발전하면서
　수준 높은 교육을 받은 청년층을 중심으로 하
　는 사회 운동이 다양하게 전개되었다. 또한 대
　중이 사회의 주체로 떠오르며 문화와 소비를
　이끌어가게 되었다.

역사 논술

1. 두 인물 모두 인종 차별에 반대하는 흑인 민권
　운동을 전개하였다. 미국의 마틴 루서 킹 목사
　는 백인과 흑인에 대한 차별에 반대하는 워싱
　턴 행진을 진행하여 흑인 투표권을 얻어냈다.
　남아프리카공화국의 넬슨 만델라는 백인 정
　부의 인종 차별 정책인 아파르트헤이트에 맞
　서 투쟁하였고, 끝내 정책을 폐지하고 남아프
　리카공화국의 첫 흑인 대통령이 되었다.

2. 우리나라는 1960년 이승만의 자유당 독재 정
　권에 저항하는 4.19 혁명이 일어났다. 멕시코
　에서는 1968년에 학생들과 재야인사들의 민
　주화 운동이, 에스파냐에서는 40년간 장기 집
　권한 프랑코의 독재 정권에 맞선 시위가 일어
　났다. 1980년대 동유럽의 국가들에서 민주화
　운동이 대대적으로 일어나 소련과 동유럽의
　사회주의 정권이 붕괴했다.

　[해설] 현대의 민주화 운동은 민주주의가 아직
　뿌리내리지 못한 아시아나 동유럽 등 개발도
　상국에서 주로 일어났다. 한국, 멕시코, 에스
　파냐, 동유럽 국가들과 동남아시아의 국가들
　에서 일어났던 민주화 운동 가운데 두 가지를

골라 문단을 완성하면 된다.

3. 20세기 초 여성들은 참정권을 얻으려는 투쟁을 했다. 이후 여성들은 한 단계 더 나아가 남성 중심적 사회에서 뿌리 깊게 자리 잡은 성차별에 맞서 투쟁했다. 1960년대까지만 해도 여성은 출산과 육아 외에 가사 노동을 전담했고, 직장에서도 남성과 비교하면 급여가 낮았고 승진 기회가 적었다. 이러한 노력의 결과 여러 나라에서 성차별을 금지하는 법이 통과되었다.

[해설] 선진국들을 시작으로 하여 우리나라에서도 법적으로 성차별이 금지되었지만, 여전히 사회적·문화적으로 남아 있는 성차별은 세계적인 이슈이다. 21세기가 되면서는 남녀차별 외에도 성 소수자에 대한 차별 철폐를 외치는 운동이 활발히 일어나며 민권의 확대가 이뤄지고 있다.

4. 사회가 급격히 도시화되며 대중이 사회의 주체로 떠올랐다. 경제가 발전하고 사람들의 교육 수준이 높아지면서 과거에는 소수의 특권 계층이 누리던 문화생활을 즐기는 사람들이 늘어났다. 또한 TV, 라디오, 인터넷 등 대중매체의 발달로 대중이 더 쉽고 빠르게 대중문화를 누릴 수 있게 되었다.

실력 키우기 📄

01. [정답] ④

[해설] 탈권위주의 운동은 1960년대 청년 계층에서 시작한 것으로 기존의 낡은 관습과 권위에 저항하는 운동이다. 여기에 노동 계층이 공동 투쟁으로 나서며 보다 적극적인 모습을 보이게 되었다.

02. [정답] ⑤

[해설] 대중문화의 부정적 측면으로 서구 문화를 수입한 국가에서 자국 전통문화를 외면하는 경향이 나타난 것을 꼽을 수 있다.

Chapter 22

책을 읽기 전에

* 예시 답 생략

[해설] '과거, 옛날'을 생각하기 쉬운 '역사'에서 현재를 다루는 까닭과 저자가 붙인 제목의 의미를 함께 생각해 본다.

책을 읽으며

1. 예시 답 생략

[해설] 소제목 단위로 읽기로 정한 부분을 읽으며 중요하다 싶은 내용에 밑줄을 쳐 본다. 읽은 후 문제로 나올 만한 내용을 찾는다는 느낌으로 중요한 내용을 생각해 본다.

2. [해설] 스스로 읽으며 밑줄 친 내용과 일치하는지, 어떤 내용이 빈칸으로 제시되었는지 생각하며 읽는다.

Ⓑ 이스라엘과 팔레스타인은 왜 걸핏하면 싸울까?: 늘어나는 국제 분쟁

1) 영토, 민족, 종교
2) 유고슬라비아

3) 르완다

4) 팔레스타인, 유대인, 아랍인

5) 시리아, 민주화, 종교

6) 카슈미르

🔄 난민을 추방하면 테러 막을 수 있을까?: 난민 문제와 반전 평화 운동

1) 난민

2) 국제 연합, 난민 지위에 관한 협약

3) 추방, 원조

4) 반전 평화, 고엽제, 민간인

5) 냉전

6) 국제 협약

🔄 저개발 국가와 선진국 사이의 격차를 왜 남북문제라 할까?: 남북문제와 빈곤 · 기아 · 질병 문제

1) 빈부 격차, 남북문제

2) 국제 부흥 개발 은행, 국제 통화 기금

3) 질병, 국제 사회

🔄 이산화탄소를 줄여야 하는 까닭은?: 환경 문제와 국제 협력

1) 인류, 개발

2) 오존층, 몬트리올 의정서

3) 중금속, 미세 먼지

4) 수질 오염, 토양 오염, 해양 오염

5) 지구 온난화, 화석 연료, 이산화탄소

6) 이산화탄소, 청정 연료, 재활용

7) 국제 사회

8) 리우 선언, 교토 의정서, 발리 기후 변화 협약

3. 예시 답 생략

[해설] 세계사 읽기를 마무리하며 감상을 정리해 써 본다.

한눈에 보기

1. ㉠ 유고슬라비아, ㉡ 르완다, ㉢ 카슈미르, ㉣ 세계 난민의 날, ㉤ 교토 의정서

[해설] 현대 사회의 국제 분쟁, 난민 문제, 빈곤과 기아 문제, 질병 문제, 환경 문제에 대한 구체적인 사례와 국제 사회의 노력을 함께 연결하여 이해하도록 한다.

역사 논술

1. 인도는 제2차 세계 대전 이후에 독립할 당시에 이슬람교도가 다수인 파키스탄과 힌두교도가 다수인 인도로 분리되었다. 이때 양국의 경계이자 인도 북서부에 위치한 카슈미르 지역이 인도로 강제 편입되었는데, 카슈미르 지역은 이슬람교도가 많은 곳이었다. 그로 인해 지금까지도 양국의 영토 분쟁이 지속하고 있다.

2. 국제 연합은 1950년 전 세계 난민 문제를 해결하기 위한 난민 기구를 조직하였다. 1951년 난민의 지위와 권리를 정의한 난민 협약을 체결하였고, 년에는 매년 6월 20일은 '세계 난민의 날'로 지정하여 난민에 대한 관심을 높이기 위해 노력하고 있다. 반전과 평화를 외치는 각국의 시민 운동도 난민 문제의 근본적인 해결을 위한 노력이라고 볼 수 있다.

3. 오존층 파괴와 대기 오염, 지구 온난화 등 다양한 환경오염과 기후 변화의 심각성이 대두되면서 국제 사회가 이를 방지하기 위한 기후 협약을 맺게 되었다. 몬트리올 의정서는 프레온의 사용을 점차 금지하자는 약속을 담았고, 리우 선언에서는 '지속 가능한 개발'을 다짐

하였다. 온실가스 감축을 약속한 교토 의정서
와 발리 기후 변화 협약에도 많은 나라가 참여
하였다.

[해설] 이외에도 2015년 파리 기후 협약에서
선진국과 개발도상국이 모두 온실가스를 의무
적으로 감축하자는 협약을 체결하였다.

실력 키우기

01. [정답] ④

02. [정답] ③

[해설] NPT(국제 핵확산 금지 조약), BWC(생
물 무기 금지 협약), CWC(화학 무기 금지 협
약)은 모두 대량 살상 무기 금지에 관한 협약
이다. 두 번의 세계 대전을 치르면서 인류 생
존을 위협할 수 있는 무기 개발을 금지하기
위해 국제 사회가 노력하고 있다.